엄마라서 예쁘지

이행내 글 · 조장은 그림

엄마라서 예쁘지

조장은의
프롤로그

나의 엄마를 소개합니다

1958년 줄장미가 흐드러지게 핀 여름날, 엄마는 부산에서 4남 2녀 중 맏딸로 태어났습니다.

엄마의 엄마인 우리 외할머니는 오빠의 친구인 외할아버지에게 시집와서 평생 큰살림을 꾸려낸 세련된 멋쟁이십니다.

외할아버지는 엄마가 스물한 살 되던 해에 갑자기 쓰러져 돌아가셔서 제가 뵌 적은 없습니다. 음악과 난초를 사랑하는 젠틀맨이셨던 외할아버지는 밖에서는 엄하고 냉철했지만 우리 엄마와 동희 이모, 두 딸에게만은 한없이 너그럽고 다정다감한 아버지셨다고 합니다.

당시 미대에 다니던 엄마는 일본 유학을 준비하고 있었지만 외할아버지의 때 이른 죽음에 충격을 받은 외할머니의 성화에 못 이겨 키 작고 나이도 일곱 살이나 많은 노총각 아저씨와 선을 봤답니다. 나름 눈 높고 콧대 높고 인기도 많았던 엄마에겐 성이 차지 않는 남자였대요. 하지만 꽃신 꿈을 꾸고 엄청 비싼 새우튀김 정식을 네 번이나 얻어먹고 미안해서 결국 결혼을 했고, 우리 엄마가 되었습니다.

꿈도 많고 하고 싶은 것도 많았던 스물네 살 아가씨 이행내씨는 그렇게 얼떨결에 조씨 집안의 둘째며느리가 되었고, 결혼하자마자 해외지사로 발령받은 아빠 때문에 젊은 나이에 혼자된 시어머니 옆에서 눈물 없이는 들을 수 없는 드라마를 한 편 찍었습니다.
 하지만 엄마의 이야기는 언제나 해피엔딩으로 끝납니다.
 진짜 해피엔딩인지, 해피엔딩으로 만들고 싶은 건지는 모르겠지만 그렇게 삶의 여러 모습을 감사하며 받아들이고 거기서 행복과 기쁨을 찾는 것이 엄마가 살아가는 지혜인 것 같습니다.

 엄마는 그림도 잘 그리고 글도 잘 씁니다.
 요리도 잘하고 살림도 잘합니다.
 강하지만 부드럽고, 여리지만 씩씩합니다.
 평범해 보이지만 스타일이 확실하고, 착한 듯하지만 고집도 대단합니다. 내가 보기엔 답답할 때도 많지만 모든 사람들에게 늘 한결같이 잘해줍니다.
 아무튼 엄마는 뭐든 다 잘합니다.
 그리고 무엇보다 엄마는 참 예쁩니다!
 얼굴도 예쁘고 마음도 예쁩니다.

그래서 사람들이 나더러 엄마 닮았다고 하면 그렇게 기분이 좋을 수 없습니다, 라고 했더니 엄마가 웃으며 말씀하십니다.
"엄마라서 예쁘지."
아, 그런 거군요.
이 세상 엄마들은 다 예쁜 거였어요!

엄마는 오래전부터 일기를 썼습니다.
저녁마다 펜으로 공책에다 그날 있었던 일들, 느꼈던 것들, 떠오른 생각들을 적어 넣습니다. 때론 긴 글이 되기도 하고 어떤 날은 그냥 한두 줄일 때도 있습니다. 글 쓰는 엄마의 모습이 좋아 보였습니다.
어느 날 무심히 엄마 일기들을 들춰보는데, 거기 한 사람의 일생이 오롯이 담겨 있었습니다. 한 여자가 있었고, 나도 있었습니다. 엄마의 일기를 그림으로 그리고 싶어졌습니다. 툭하면 엄마의 일기장을 뒤적거리며 소재를 찾았습니다. 자연스럽게 엄마와 많은 대화를 하게 되었고, 몰랐던 재미있는 이야기도 많이 듣게 되었습니다.
일 년 남짓 엄마의 일기를 정리하고, 그림으로 그렸습니다.

그리고 더 잘 알게 되었습니다. 엄마가 어떤 사람인지, 어떻게 살았는지, 엄마와 내가 얼마나 닮았는지.

작년 봄, 엄마는 새로운 도전을 시작했습니다.

어릴 적 소공녀 세라처럼 곱게만 자랐던 엄마가 삼십 년 넘도록 남편 자식 뒷바라지하느라 그렇게 좋아하던 그림도 포기하고 예쁜 옷 한 벌 못 사 입고 인생의 고갯길을 오르락내리락 살아왔는데 이제야 엄마 혼자서도 잘할 수 있고 좋아하는 일을 시작하겠답니다.

사람들에게 맛있는 주스도 대접하고 딸의 그림도 걸 수 있는 조그만 까페를 집 근처에 열었습니다. 나이 들어서도 자기 일을 갖고 싶고 살아가는 의미를 찾고 싶은 엄마의 마음, 저도 조금은 이해할 것 같습니다.

서른이 다 되도록 엄마에게 늘 받기만 했는데 처음으로 엄마를 위해 뭔가를 해줄 수 있게 되어 참 기쁩니다.

엄마의 도전을 뜨겁게 응원합니다!

: 차례

조장은의 프롤로그
나의 엄마를 소개합니다 : 4

1;
내가 아이였을 때

큰집이 좋아 : 16

큰엄마는 미스코리아 : 18

바둑이 찐빵 : 21

혼자 노는 아이 : 22

도바 아줌마 : 25

박별득 여사 : 26

산 속 구멍가게 아저씨 : 28

뽑기 금지령 : 30

막걸리 : 31

엄마의 착각 : 32

할머니 : 34

진구 아저씨 : 36

도둑년 되다 : 38

동희 1: 39 │ 2: 40 │ 3: 41 │ 4: 44

베토벤 할망구 : 45

아버지에게 : 47

2; 소녀시대

여자 되는 중입니다 : 52

싹둑, 유나나 : 54

위문편지 : 55

나의 노래 : 57

자매는 라이벌 : 59

아이스크림 : 61

커닝 동지 미경이 : 63

훔쳐보지 마세요 : 65

첫사랑 : 67

맞선남과 꽃신 : 70

조이 커플 : 74

99송이 장미 : 76

숨겨둔 자식 : 78

총 맞을 뻔 : 80

이 결혼, 다시 생각해요 : 82

나의 결혼식 : 84

창준이 : 87

3; 내 이름은 이행내

삼백 원짜리 사과를 사라 : 92

이런, 된장 : 94

빨간색 알레르기 : 97

스타일은 소중하다 : 101

나에겐 첫딸 : 103

내 이름은 이행내 : 105

파마 기피증 : 107

아줌마 패션 : 109

누가 말씀 좀 해주시지 : 111

나는 누구일까 : 113

삼십대도 여자 : 115

음치 어머니 : 118

가출 : 121

가끔은 너에게도
소독차 연기가 필요한 거야 : 123

4; 후르츠마마의 육아일기

엄마는 거짓말쟁이 : 128

꽃 중의 꽃 : 130

고구마 귀신 : 131

산타 할머니 : 132

아들을 낳았으나, 아이고 힘들어 : 134

보육원 출신 우리 아들 : 136

울고 넘던 명동길 : 138

개구쟁이 : 142

상장 : 144

엉성한 엄마 : 145

양가죽으로 부탁해 : 147

유행을 몰라서 : 149

사윗감도 쇼핑하고 싶어요 : 151

이루지 못한 나의 꿈을 : 153

부모의 조건적 사랑 : 156

IMF보다 겁나는 자식 혼사 : 159

스필버그 엄마처럼 : 160

5; 브라보 마이 라이프

돈가스 가게 : 164

절교 : 168

고씨 아줌마 : 171

마린이 : 173

아가엄마 돌보기 1 : 176

아가엄마 돌보기 2 : 178

여자의 변신은 무죄 : 181

아가엄마 돌보기 3 : 184

기브 앤드 테이크 : 188

남편의 사추기 : 190

행복의 파랑새 : 194

내 친구 윤실 씨 : 196

우리도 축하해주세요 : 198

아름다운 샛길을 찾아서 : 200

그림 차례 : 202

끝으로
엄마의 한 말씀 : 205

1;
내가 아이였을 때

큰집이 좋아

어릴 적 나는 큰아버지 오시기를 엄청 기다렸다. 젖배를 곯아 삐쩍 마른 나를 안쓰럽게 여기시며 너무 예뻐해주셨기 때문이다. 아버지는 시골로 못 데려가게 하시고, 큰아버지는 꼭 데려가겠다고 하시고…… 큰아버지 옆에 딱 달라붙어 큰집에 가겠다고 떼쓰던 대여섯 살 때가 기억난다.

여름밤, 큰아버지 등에 업혀 논에 나가면 개구리가 밤새 울어대고, 먼 산에서 여우 우는 소리가 들려왔다. 큰아버지는 등에 업힌 내가 잠들 때까지 이런저런 이야기를 들려주시며 긴 대나무 장대로 뭔가를 툭툭 치셨다.

아침에 눈을 떠보면 마당 빨랫줄에 개구리가 오징어 모양을 하고 널려 있었다. 나를 업어 재우면서 대나무 장대로 그걸 잡으신 거다. 며칠 말려서 오래오래 끓여 뽀얀 국물을 보약 삼아 내게 먹이시며 "이젠 살이 통통 오를 거야. 얼굴도 뽀얗게 예뻐질 거야" 하시던 큰아버지가 나에겐 할아버지 같은 분이었다.

큰집에는 오빠 둘, 언니가 셋, 여동생이 하나 있었는데, 내 생각엔 당신 자식들보다 동생의 딸인 나를 더 예뻐하셨던 것 같다. 큰아버지 덕에 난 진짜 행복했다.

할머니는 늘 재미있는 이야기를 해주셨다. 한결같이 한복 차림에 빨간 비단 주머니를 차고 계셨던 할머니의 이야기가 어찌나 끝이 없던지 '술술 나오는 이야기들은 분명 저 주머니에 들어 있을 거야!' 생각했다. 그 빨간 주머니를 만지작거리며 "할머니, 옛날이야기—" 하면 안동 하회탈처럼 웃어주시곤 했다.

할머니는 내가 온다고 하면 계란을 모아두셨다가 날계란의 위아래를 젓가락으로 톡톡 쳐 구멍을 내고는 입으로 쏙 빨아먹으라고 하셨다. 다 먹고 나면 참기름을 한 숟갈 떠 입에 넣어주셨는데, 그게 너무 맛있어서 두 개 세 개 혼자 맛나게 먹었다.

아무것도 모르던 어린 계집애가 오십이 넘어서야 친지의 결혼식장에서 사촌언니들을 만나면 미안해한다.

"언니, 지금 생각하니 계란 혼자 먹어 진짜 미안."

"뭐라카노, 손님한테 당연히 대접해야지. 시골에 먹을 것도 없던 시절인데."

"언니들도 먹고 싶었을 텐데……"

마당에 서서 벙글벙글 웃으며 날계란 먹는 나를 쳐다보고 있던 언니들 모습이 생각난다.

여름밤에 모닥불 피워놓고 평상에 앉아 언니들이랑 도란도란 얘기하면서 감자가 구워지길 기다리던 게 참 좋았다. 아침에 일어나면 구운 감자 먹다 잠들어 입가가 거뭇거뭇한 게 꼭 얼룩강아지 모양을 하고 있었는데, 뭐 묻은 개가 뭐 묻은 개 나무란다고, 언니들이랑 얼굴에 묻은 재를 보며 서로 놀리고, 웃고 또 웃고 했다.

큰엄마는 미스코리아

도시에서도 귀한 텔레비전을 보고 자란 내가 큰집에 가면 펼치는 대대적인 쇼가 있었으니, 바로 미스코리아 선발대회 재연하기.

어린 눈에도 미스코리아는 얼굴이 예뻐야 하지만 가슴도 커야 된다는 공식이 보였던지라, 감자 두 개를 납작가슴에 한 개씩 넣어 수건으로 불끈 싸매고 오른손을 흔들며 "안녕하세요, 기호 3번 잘 부탁해요" 콧소리 내며 큰집 마당을 뱅글뱅글 돌며 워킹을 했다. 그러면 큰아버지는 두 손에 감자를 들고 껄껄 웃으시며 "행내야! 미스코리아 또 해봐라" 하셨다.

우리 큰엄마는 키가 조그마하고 참 예뻤는데, 가슴이 어찌나 풍만한지 젖배 곯은 나로선 큰엄마 찌찌 만지며 잠드는 게 행복 그 자체였다. 지금은 아흔이 넘어버린 큰엄마. 그래도 가끔 옛날 생각이 나면 나는 다섯 살 아이처럼 큰엄마 찌찌를 만져보게 된다.

큰집 안방에는 재봉틀이 항상 열려 있었는데, 큰엄마는 포플린 꽃무늬 천으로 매일 뭔가를 만들고 계셨다. 나는 쌍방울 팬티를 입고 있었고, 언니들은 꽃무늬 부루마 빤쓰를 입고 있었는데 그게 어찌나 입고 싶던지 "큰엄마, 내 것도 만들어주세요" 졸랐다.

그러면 큰엄마는 "촌스런 것 입혀 놓으면 네 아버지가 뭐라 할 텐데" 난처한 표정을 지으셨다. 어쩔 수 있나. 갖고 싶은 걸 가지려면 내가 가진 걸 주는 수밖에. 난 사촌언니를 꼬드겨 빤쓰를 바꿔 입었고, 우리 둘 다 대만족했다!

몇 년 전에 자식들 따라 서울 오신 큰엄마를 뵈러 갔더니 그 재봉틀이 따라와 있었다. 이제 늙어서 재봉일 못하실 텐데, 딴 건 다 놓고 오시면서 그거 하나 들고 오셨단다.

지난 2월, 큰엄마의 시간이 멈춰가고 있다는 소식에 허겁지겁 분당으로 향했다. 버스 안에서 어린 시절 큰집에서의 일들이 파노라마처럼 스쳐갔다. 큰엄마 찌찌 만지며 행복해하던 계집아이가 보인다.

"큰엄마, 하룻밤만 더 자고 가게 해주세요."

"번듯한 너희 집 놔두고 촌구석이 뭐가 좋다고."

"큰엄마 찌찌 하루만 더 만지며 자게……"

사투를 벌이고 있는 큰엄마를 몇 번이고 안아드렸다.

"큰엄마 찌찌 만지던 행내가 왔나?"

행복했던 시절을 떠올리며 아픈 중에도 빙긋이 웃으시는 큰엄마.

"우리 행내, 밥 차려줘라……"

사그라져가는 생명줄을 붙들고도 조카딸 밥걱정하시는 모습에 눈물이 쏟아졌다.

"큰엄마, 사랑해요. 내가 큰엄마 너무너무 좋아하는 것 알지요?"

축 늘어진 큰엄마 손을 잡고 사랑한다, 사랑한다, 말하고 또 말했다.

바둑이 찐빵

넝마주이 오빠가 등에 커다란 망태를 짊어지고 길쭉한 집게를 들고 동네를 돌아다니면 사람들은 아이 집어간다고 밖에 못 나가게 했다. 조그만 나는 만날 보는 얼굴이라 반갑다고 쫄랑쫄랑 따라다녔다.

종이랑 고물을 많이 주운 날, 오빠는 김이 모락모락 나는 찐빵을 두 개 사서 나를 하나 주었다.

손때가 묻어 꺼뭇꺼뭇해진 찐빵.

어린 눈에 찐빵은 원래 얼룩강아지 색깔인 줄 알았다. 어른들은 더럽다고 먹지 말라 했지만 망태 오빠가 준 찐빵은 정말로 꿀맛이었다.

시간이 아주 많이 지난 후에 생각해봤다. 그 오빠는 전쟁고아였고, 혹시 나만 한 동생을 잃었나 싶기도 하고, 남들이 피하고 모른 척할 때 철모르고 따라다니며 좋아하는 꼬마에게 마음을 열고 위안을 얻었나 싶기도 하다.

내가 떼쓰고 징징거리면 "계속 울면 망태쟁이가 너 집어간다!" 하는 말이 울 엄마의 입에 붙은 협박이었는데, 나는 망태쟁이가 조금도 무섭지 않았다. 지금도 김이 모락모락 나는 새하얀 찐빵을 보면 손때 묻은 바둑이 찐빵을 건네주며 씨익 웃던 그 오빠 얼굴이 보인다.

혼자 노는 아이

운동신경이 둔하고 몸치였던 나는 동네 계집애들이 고무줄뛰기 하는 걸 구경만 하곤 했다. 그러다가 어느 날은 "나도 좀 끼워줘" 했더니, 뛰는 건 안 되고 고무줄잡이만 하란다.

불평할 처지가 못 되는 나는 "그래도 끼워줘서 고마워" 하고는, 금강산 찾아가자 일만이천봉, 볼수록 아름답고 신기하구나, 노래를 부르며 고무줄을 꼭 잡고 쪼그려 앉아 있었다.

그때 성질 괄괄한 동희가 멀리서부터 고함을 지르며 달려온다.

"야, 이 가시나들아, 우리 언니 와 고무줄잡이 시키는데? 한 번만 더 눈에 띄면 느그들 다 지기뻔다!"

나와 달리 내 동생 동희는 힘센 골목대장이었다. 씩씩거리는 동희 손에 이끌려 집으로 와서는 문고리에 고무줄을 묶고 동희가 시키는 대로 고무줄뛰기 연습을 했다. 뛰고 또 뛰고, 그때마다 번번이 고무줄에 걸리고……

"봐라! 이렇게 못 뛰니까 가시나들한테 무시당하지. 언니 니가 잘 뛰면 와 고무줄잡이 시키겠나?"

골목대장 보디가드가 눈 부릅뜨고 지켜보는 가운데 나는 난생처음으로 고무줄잡이에서 벗어나 낮게나마 뛰어올랐다. 내가 줄을 넘는 동안 동희는 계속 으르렁거렸다.

"우리 언니랑 할 때는 고무줄 높이 올리면 가만 안 둔다. 신경 써라."

그런 내가 유일하게 친구들과 어울려 할 수 있는 놀이가 있었다.

시마차기.

돌멩이를 발로 차며 뛰는 놀이인데, 나도 그것만은 정말 잘했다. 집중해서 금만 밟지 않으면 되니까.

하지만 뛰는 것보다, 시마차기 선 그리는 게 나에겐 더 큰 즐거움이었다. 그림 잘 그리는 내가 동네 꼬마들 사이에선 없어서는 안 될 존재였던 것이다. 땅바닥에 석필로 선을 곧게 그리고, 사선도 그리고, 동그라미도 치고…… 어느 누구도 나만큼 반듯하게 그리질 못했다.

뭔가 그리며 노는 걸 좋아했던 나에게는 시마차기가 실력발휘의 장이었던 것이다. 오빠들도 동네 언니들도 시마차기 할 때만큼은 나를 스카우트해갔다. 땅에 그린 선이 조금만 지워져도 석필로 재빨리 메워놓고는 기분 좋아 의기양양했던 나.

심심한 날에는 장독대 뚜껑에 이런 표정 저런 표정 그려놓고 책 한 권, 회초리 하나 들고 혼자 선생님 놀이를 했다. 오늘은 이 책 읽어주고, 내일은 저 책 읽어주고, 장난치는 아이는 혼내주고, 졸고 있는 아이는 때려주었다. 장독 뚜껑을 회초리로 착착 두드리면서.

혼자 외떨어져 책 읽고 그림 그리는 걸 좋아했던 어린 시절, 나는 항상 있는 듯 없는 듯 조용했지만 조그만 가슴속에 숨은 에너지를 꼭 꼭 품고 있었다.

미지의 세계를 꿈꾸며 자기최면을 걸던 내가 학교 끝나면 언제나 들렀던 곳은 만화방.

숙제는 집에서 하지 않는 게 나의 규칙이어서, 수업 끝나면 교실에서 숙제를 다 마치고 왔다. 무슨 일이 있어도 만화방에 갈 시간을 벌어야 했기 때문이다.

만화에 빠져 해 떨어지는 줄도 몰라서 도바 아줌마가 늘 나를 찾으러 왔다.

도바 아줌마

불행한 어린 시절을 보낸 도바 아줌마는 외할머니가 거둬주어서 우리 집에서 함께 살게 되었다고 했다. 어른들이 '도바댁'이라고 불렀던 그녀는 나를 끔찍이도 예뻐했다. 비가 오면 수제비를 뜨끈뜨끈하게 끓여놓고 학교 앞으로 마중 와서 우산 들고 서 있던 도바 아줌마.

비에 발 젖는다, 우산 뒤집혀 바람에 날아갈라, 걱정하며 나를 업고 우산을 들고 집으로 향하던 기억이 아직도 생생하다. 아줌마 등이 따뜻했고 그 마음이 따뜻했다. 아줌마 얼굴에는 부처님처럼 이마에 점이 있었다. "요 쪼그만 것, 언제 커서 시집갈까? 예쁜 새끼 낳으면 내가 봐줘야 되는데……" 정 많은 아줌마의 얼굴이 지금도 눈을 감으면 또렷이 떠오른다. 아직도 살아 계실까? 보고 싶다.

도바 아줌마는 내가 고3이었을 때 큰오빠가 결혼하면서 새언니와 성격이 맞지 않아 우리 집을 떠났다. 가면서도 나를 보면 눈에 밟혀 발이 안 떨어질 거라며 몰래 가셨다. 서울에 있다가 집에 내려와보니 언제나 웃으며 반겨주던 아줌마가 없었다. 마당에도 없고, 부엌에도, 방에도 없었다. 이별이 서러워 울고 또 울었다.

살아 계셔서 만나게 되면 따뜻한 밥 한 끼 지어드리고 싶다.

박별득 여사

구한말 정미소집 딸로 태어나 모자람 없이 자란 우아한 나의 외할머니, 한학자에게 과외를 받고 자라 유식하기 이를 데 없고 신실하셨던 외할머니는 나의 생일마다 비단 한복을 손수 지어 입히시고 하얀 버선에 꽃을 예쁘게 수놓아 신겨주시고는, 나를 생일상에 앉혀놓고 두 손 모아 비셨다.

"이 아이가 귀히 여김받게 해주세요. 이 상을 받아먹듯 나중에 남의 집 가서도 편히 상 받아먹게 해주세요."

외할머니는 신학문을 배우고 싶어 했고 교육열이 굉장히 높으셔서 손녀딸에게 정성을 다하셨다. 아홉 살 먹은 내 손을 잡고 이화여대 메이데이 축제에 구경 가기도 하셨다.

"나는 예쁜 여자로 다시 태어나고 싶다. 신여성으로 신식 교육 받고, 공부 많이 해서 박사 되고 싶다. 남편에게 사랑도 많이 받고 싶고……."

외할머니는 서른하나에 혼자가 되어 엄마와 외삼촌과 이모를 키워냈기에 남편 사랑도 그리웠을 거다.

"연한 배 같고 정월 초하루 같구나!" 하며 나를 예뻐하시던 외할머니. 외할머니와 나는 서로 짝짜꿍이 잘 맞았다. 눈빛만 봐도 무슨 생각을 하는지, 뭘 하고 싶어 하는지, 척하면 착, 말이 필요 없었다.

아버지도 외할머니를 좋아했고, 저녁식사 후엔 외할머니와 화투를 치며 즐거운 시간을 보냈다. 외할머니 별명이 '사천댁'이었는데, 아버지는 입버릇처럼 말씀하셨다.

"사천댁! 우리 장모님은 똥도 버릴 게 없으시지!"

사위에게도 지극 정성을 다하시던 모습, 주변 사람 귀히 여기고 아끼시던 성품. 좋은 얘기만 하고 남 흉은 입 밖에도 내지 않던 고상한 외할머니를 닮고 싶었다.

외할머니 돌아가시고 얼마 후 아침에 꿈을 꿨다. 살구색 한복을 곱게 입고 날갯짓하며 올라가시는데 입가에 미소를 짓고 계셨다.

며칠 뒤 엄마에게 꿈 얘기를 했더니, 그날이 바로 외할머니의 49제였고, 평소 즐겨 입으시던 살구색 치마저고리를 태웠다면서, 가시면서도 널 찾아오셨구나 하셨다.

외할머니는 돌아가시고도 나를 몇 번 더 찾아오셨다.

"보고 싶다. 여기가 좋으니 너랑 같이 있고 싶다."

그 좋아하던 외할머니 손을 뿌리치고 도망쳤는데, 놀라 눈을 뜨니 꿈이었다. 위염으로 고생하며 병원을 드나들 때였는데, 그 꿈을 꾸고는 아픈 데가 말끔히 나았고 더 이상 할머니 꿈도 꾸지 않았다.

외숙모 돌아가시고 장례식엘 갔더니 외사촌오빠들이 깜짝 놀라며 눈물을 흘린다.

"네가 나이 드니 우리 할머니와 꼭 같구나."

"외손녀 친손녀 다 합쳐도 네가 제일 할머니를 닮았다."

"그래, 사람은 영원히 죽는 게 아니야. 너에게서 할머니를 본다."

;산속 구멍가게 아저씨

늦게 낳은 딸 둘을 정원의 꽃 가꾸듯 귀여워하신 아버지는 출장 갔다 오실 때면 항상 예쁜 옷과 구두와 가방을 세트로 사다주셨다.

까만 세일러복을 단정하게 차려입고 빨간 가방(하얀 토끼가 한 마리 앉아 있는)을 메고 빨간 구두를 신고 학교에 간 첫날.

수업을 마치고 학교 정문을 나서는데 젊은 아줌마와 아저씨가 엄청 반갑게 나를 맞으며 다가온다.

"누구세요?"

묻는 말이 떨어지기도 전에 양쪽에서 팔짱을 끼며 "이모야" 한다.

"난 이모 하나밖에 없는데?"

"친척 이모야."

낯선 아줌마 아저씨는 아니라고 발버둥치는 나를 붙들고 태연히 산으로 올라갔다. 주변을 둘러봐도 사람 하나 보이지 않는 외진 산길이었다.

'할머니가 여기에 어린애 간 빼 먹는 문둥이가 산다고 했는데.'

내 머릿속은 '탈출! 탈출!'만을 외치고 있었다.

산 중턱쯤 갔을까. 오른쪽으로 허름한 구멍가게가 보였다.

나는 온 힘을 다해 어른 둘의 손을 뿌리치고 가게로 뛰어들어갔다.

"삼촌!"

나는 가게 아저씨의 팔짱을 끼면서 친한 척했다. 그러자 친척 이모와 아저씨라던 사람들이 당황하며 허둥지둥 달아났다.

"아저씨, 22국에 1249번으로 전화해서 나 좀 데리러 오라고 해주세요."

하지만 당시엔 전화가 귀했다.

산속 구멍가게 아저씨는 가게 문을 잠그고 **좋이 한 시간은 걸리는 우리 집까지** 내 손을 잡고 걸어서 데려다주셨다. 그 아저씨가 아니었다면 난 어떻게 되었을까! 정말 고마우신 분이다.

뽑기 금지령

하굣길, 하루도 거르지 않고 들렀던 참새 방앗간! 바로 뽑기 난전이었다. 설탕을 녹여 소다 조금 넣어 저으면 달짝지근한 냄새가 기가 막혔다. 여러 가지 모양을 틀로 눌러 찍어주는데, 안 부러뜨리고 모양대로 떼어내서 가져가면 하나 더 만들어주었다. 뽑기의 고수였던 나는 매일 하나씩 덤을 받아먹었고, 오빠들까지 나에게 청탁을 했다.

"너는 제발 오지 마라. 손해 보는 장사다."

뽑기 여왕과 뽑기 아줌마의 실랑이는 계속되었지만 나는 멈출 수 없었다. 백발백중 뽑기의 명수로 등극할 즈음, 뽑기 아줌마가 우리 엄마를 찾아오셨다.

"따님 좀 우리 가게에 못 오게 해주세요."

엄마는 코 묻은 돈으로 겨우 살아가는 가난한 아줌마에게 미안해 어쩔 줄 몰라 했고, 그날부로 나에게 '뽑기 금지령'이 떨어졌다. 바늘에 침 발라가며 십자가도 따내고, 별도 달도 꽃도 쏙쏙 파내어 한 개 더 얻으러 쪼르르 달려가던 재미가 끝장났다.

며칠 전, 명동 거리를 지나다가 뽑기 난전을 봤다. 그 옛날 뽑기 아줌마에게 새삼 미안해진다.

막걸리

얼마 전 '동래산성 막걸리'를 먹을 기회가 있었다. 그런데 한 모금 마시곤 깜짝 놀랐다. 어릴 때 홀짝홀짝 마시다 취해버린 바로 그 맛이었다. 사십 년도 훨씬 넘은 그때의 맛이 그대로 살아 있었다.

우리 친할머니는 애주가셨는데, 할머니가 오시면 엄마는 술이 떨어지지 않게 하셨다. 술도가가 집에서 굉장히 먼 거리였는데, 엄마는 내게 곧잘 술심부름을 시켰다. 주전자 하나 들고 가서 술을 받아 집까지 오는 여정이 어찌나 멀고 험난했던지. 땀은 줄줄 나고, 술 주전자는 무겁고, 목은 말라 죽겠고…… 어느 집 처마 밑에 앉아 주전자 뚜껑에 막걸리를 조금 따라 목을 축이고, 일어서서 또 걸었다. 큰길을 건너오다가 축 처진 몸으로 어느 집 앞에 또 쪼그리고 앉아 한 모금 마시고. 그렇게 어둑어둑해진 하늘 아래 집에 당도할 때쯤이면 주전자는 가볍고, 내 머리는 무겁고. 빙글빙글 돌면서 춤을 추다가 픽 쓰러진다. 막걸리 마시고 취한 줄 모르고 울 엄마는 난리가 났다.

"와 이라노, 우리 가시나. 먼 길에 더위 묵었나? 아이고, 야야, 정신 차려봐라."

비몽사몽해도 엄마 목소리는 선명했다.

엄마의 착각

엄마는 패밀리 패션을 좋아해서 여섯 남매에게 똑같은 천으로 옷을 맞춰 입히고, 겨울이면 뜨개질 집에서 스웨터를 짜다 입혔다. 지금도 생각난다. 그 연분홍 스웨터.

여덟 살이 엄청 큰 애인 줄 아신 울 엄마.

하루는 지폐를 한 장 주면서 "스웨터 찾아오너라. 돈 이자뿔면 안 된대이" 하셨다.

조그만 손에 지폐를 꼭 쥔 채 뒷짐 지고 종종걸음으로 걸어가는데 열몇 살쯤 되어 보이는 까까머리가 다가온다.

"내 니 오빠 친구다. 맛난 거 사주꾸마. 저짝으로 같이 가자."

까까머리는 안 따라가려는 나를 억지로 골목으로 끌고 갔고, 나는 돈을 뺏기지 않으려고 안간힘을 쓰며 주먹을 꽉 쥐고 절대 놓지 않았다.

'뺏기면 안 돼!'

결국 나는 까까머리에게 엄지손가락을 물려 피를 철철 흘렸지만 나보다 덩치가 훨씬 큰 그놈에게 돈을 뺏기지 않았다.

머리가 산발이 되어 미친년처럼 달려서 집 앞까지 왔는데, 울며

악을 써도 집에서는 아무도 나와보질 않는다.

"엄마아아아!"

"아줌마아아아!"

"엄마아아아!"

"아줌마아아아!"

엄마와 도바 아줌마를 번갈아 불러도 아무도 안 나오더니, 목이 터지려고 할 때쯤 엄마가 나오셨다. 뉘 집 애가 저리 극성스럽게 울까? 하면서 듣다 보니, 아이고, 우리 애잖아! 깨달으신 거다.

피 묻은 종이돈을 움켜쥐고 서럽게 울어대는 나를 발견하신 엄마. 손가락 물리지 말고 돈을 내주지 그랬냐며 와락 안아주셨다.

"엄마가 돈 이자뿔면 안 된다 해서……"

잇자국은 꽤 오랫동안 흉터로 남았고, 그 후로 엄마는 다시는 돈 심부름을 안 시키셨다.

여덟 살은 절대 큰 아이가 아니랍니다.

할머니

친할머니는 아흔두 살까지 사셨는데, 돌아가실 때까지 술을 좋아하셨다. 눈뜨면 청주 한 모금, 식전과 식후에도 한 잔, 주무시기 전에 또 한 잔. 소화제라도 되는 양 약주를 드셨다. 혈색이 어찌나 좋으셨는지, 그런 할머니에게 죽음이 찾아왔을 땐 너무 안타까웠다. 그렇게 예쁜 할머니가 차디찬 땅에 묻힌다는 게 믿기지 않았다.

할머니가 우리 집에 오시면 나는 할머니가 오래오래 계셨으면 해서 만날 묻고 또 물었다.

"할머니, 몇 밤 자고 갈 거예요?"

"할머니, 언제 갈 거예요?"

"열 밤 자고 갈 거지요?"

어린 나에게 열 밤이면 아주 긴 시간이라 생각되었다.

한편 일하는 아줌마는 손님 치를 생각에 몰래 입을 삐죽거리며 "일복 터졌네, 일복 터졌어" 했다. 할머니가 우리 집에 와 계시면 고모들이 아기들을 들쳐 업고 출퇴근을 하니, 조용하던 집이 시끌벅적, 기저귀는 주렁주렁, 시시때때 끼니마다 딸려오는 식솔들이 줄줄이 사탕이었던 것이다.

며칠 지나 아버지가 말씀하신다.

"어머니, 집에 가셨다 또 오세요. 일하는 사람들이 말이 아니네요."

옆에서 듣고 있던 나는 아버지 말에 할머니가 삐칠 줄 알았는데, 아들 성격 뻔히 아시는 할머니는 너무나 태연한 모습으로 웃으시며 "그래, 내 갔다 다시 옴세" 하곤 짐을 챙기셨다.

아버지의 냉정한 말 한마디에 신난 아줌마는 회심의 미소를 지었지만, 할머니와 헤어질 생각에 눈물짓는 내 마음은 찢어졌다.

그 구수하고 재밌는 옛날이야기를 또 언제 들을 수 있을까? 누에고치에서 실 뽑아내듯 이어지는 흥미진진한 이야기들. 할머니 무릎에 앉아 옛날이야기를 들으며 이야기 속에 풍덩 빠져 헤엄치던 행복한 시간들.

만화영화 완전 집중해서 보고 있는데 갑자기 '다음 시간에' 하며 화면이 끊긴 것처럼, 나는 가시는 할머니의 뒷모습을 멍하니 바라보아야만 했다.

진구 아저씨

엄마에게만 유일하게 손님 대접을 받았던 진구 아저씨.

일하는 아줌마에게조차 멸시당하던 아저씨.

하지만 엄마는 아저씨께 술도 받아다 주고 맛있는 밥도 대접했다.

춥고 질척질척 비 오던 어느 날, 행려병동에서 소식이 왔다.

진구 아저씨 주머니에 우리 집 전화번호가 적힌 종이쪽지가 들어 있었다고 한다.

아버지 말씀으론, 진구 아저씨네 집은 예전엔 어디를 가든 그 집 논밭을 거치지 않고는 다닐 수 없을 만큼 대지주였다. 일제시대, 가난했던 우리 아버지가 하굣길에 친척이었던 진구 아저씨네 집 앞을 지나치노라면 갈비 굽는 냄새와 주렁주렁 걸린 계란 꾸러미에 창자가 요동을 쳤단다. 그래서 마음속으로 '어떻게 하면 갈비와 계란을 맘껏 먹을 수 있을까? 공부 열심히 해서 나는 못 먹었어도 내 자식들은 먹기 싫을 정도로 배불리 먹여야지!' 다짐하셨단다.

진구 아저씨는 너무 귀하게 자라서 고생이 뭔지 가난이 뭔지 몰랐다. 만석꾼이 떵떵거리던 시절, 세상 부러울 것 없는 삼만석꾼 부잣집

아들이었는데, 해방되고 6·25 전쟁 나고 세상이 몇 번 바뀌면서 현실 부적응자가 되어버렸고 알코올 중독자로 방황하다가 길에서 생을 마감했다.

적어도 아저씨에게 인생이란, 삶이란 거짓말쟁이였다. 어릴 적 누렸던 풍요가 영원히 이어질 줄 알았기에 어른이 된 뒤에 맞닥뜨린 현실은 훨씬 더 냉혹했다.

;도둑년 되다

학교 끝나고 친구가 문방구에 같이 가잔다. 영문도 모르고 따라갔는데, 문방구에 당도하니 갑자기 나더러 망을 보란다. 그러곤 주인 몰래 연필이며 공책, 지우개를 슬쩍한다.

"야, 그거 나쁜 짓이야. 다시 놓고 가."

"쉿, 조용! 들키면 너도 책임 있어. 망봤잖아."

그리고 지우개를 하나 주며 "수고했어" 한다.

나는 어느새 공범이 되어 있었다.

집에서 엄마에게 새 지우개를 들켰다.

"이거 내가 사준 게 아니네. 어디서 났니?"

나는 대답을 못하고 우물쭈물하다가 "친구가 망보라 하더니 수고했다며 줬어" 실토하고 말았다. 대나무 자로 손바닥을 흠씬 두들겨 맞고, 안 가려고 발버둥 치면서 엄마 손에 질질 끌려 문방구로 갔다.

엄마는 죄송하다고 사과하며 지우개 값을 물어주고, 필요도 없는 연필과 지우개를 한 박스나 사셨다. 문방구 주인 앞에서 나는 빨개진 얼굴로 안절부절못하며 손만 꼼지락거리고 있었다. 지우개 도둑년은 무안해서 시선을 어디에 둬야 할지 몰랐다.

동희
1

아침에 눈 떠보니 어젯밤 누웠던 자리가 아니다.

이게 웬일! 요는 젖어 있고……

엄마가 이웃집에 가서 소금을 받아 오란다.

키 쓰고 바가지 들고 소금 얻으러 갔더니, 옆집 아줌마가 주걱으로 머리를 한 대 때리고는 바가지에 소금을 퍼 주신다. 어찌나 창피한지, 누가 볼까 얼굴을 가린 채 '두 번 다신 이런 꼴 안 당해야지' 다짐하며 눈물범벅이 되어 집으로 왔다.

며칠 후 새벽, 나는 깜짝 놀라 깼다. 내가 또 젖은 요에 누워 자고 있는 게 아닌가. 동희가 내 자리에서 부스스 일어나 소리를 질렀다.

"언니야, 또 오줌 쌌다. 소금 받으러 가야겠다!"

"아니아니, 난 아니야."

"언니 요가 젖었잖아."

"아닌데…… 내 팬티는 하나도 안 젖었어. 잉잉."

그렇게 몇 번이나 동희에게 당하고, 어느 날 잠결에 눈을 떠보니 나를 옆으로 굴리고 있는 동희.

딱 걸렸다. 그날로 오줌싸개 동희의 완전범죄는 막을 내렸다.

동희 2

어릴 적 우리 집은 일본 사람이 지은 전형적인 일본 가옥이었다. 딸아이가 일본 여행 가서 찍어온 사진을 보니 어릴 때 뛰놀던 내 고향집이랑 똑같다. 대문 밖 층층계단에 앉아 있는 딸의 모습을 보니, 어릴 적 그 계단에 쪼그리고 앉아 고개 숙여 울던 계집아이 모습이 보인다.

"언니야, 니만 다리 밑에서 주워왔다 카더라. 너네 엄마한테 가라."

"아니야, 우리 엄마 맞아!"

"니 우리 식구랑 하나도 안 닮았잖아. 이름도 다 동(東)자 돌림인데 니는 아니고. 너네 엄마 찾아가."

동희가 뭐가 틀어졌는지 생트집을 잡는다.

오늘 따라 아줌마도 어딜 가고, 엄마는 친구들과 마실 나가 집에 아무도 없다. 마음이 상한 나는 소중히 여기는 내 물건 몇 개를 보따리에 싸서 집을 나왔다.

해는 지고, 슬프고, 무섭고…… 그 계단에 앉아 엄마가 오기만 기다렸다. 꾀죄죄한 얼굴에 눈물도 말라붙을 즈음 엄마가 오셨고, 상황 파악 완료!

"작은 년, 오늘 가만 안 둔다!"

동희 3

내 동생 동희는 나보다 힘이 셌고, 떼를 써서라도 자기 주장을 관철시켜야만 하는 성격이었다. 제 입맛에 맞지 않으면 팔짝팔짝 뛰고 고래고래 소리를 지르고 데굴데굴 굴렀다. 그래서 나는 그 애를 건드리지 않는 게 최선이라 생각했고, 나에게 불똥이라도 튈 것 같으면 삼십육계 줄행랑을 놓았다.

우리 둘이 티격태격 말싸움을 하다 큰소리가 오갔다. 목소리 큰 사람이 이기는 거라면 번번이 동희의 승리다. 나는 잘못이 없어서 동희만 혼내면 집이 발칵 뒤집어진다.

"원인 제공자를 처벌하라! 나 혼자 맞는 건 억울하다!"

그래서 야단맞을 때는 시비를 가릴 것도 없이 항상 굴비 엮듯 같이 엮였다. 엄마는 회초리를 들고 동희를 앞에, 나를 뒤에 세운 다음, 내게 눈을 꿈쩍꿈쩍해 보인다. 맞기는 동희가 세게 맞고 나는 뒤에서 살살 맞지만, 나도 세게 맞은 척 엄살을 부리라는 뜻이다.

동희의 데모에 대응하는 엄마와 나의 '눈 사인'.

어느 날 우리는 별일 아닌 것으로 또 싸웠다. 어김없이 동희의 시

비로 시작된 싸움이었지만, 엄마는 연대책임을 져야 한다며 죄 없는 나를 같이 벌세우고 손바닥까지 자로 때렸다. 억울함과 모욕감이 최고조에 달한 나는 집에서 가장 조용한 창고 안 뒤주 속에 들어가 큰 소리로 엉엉 울다 그만 잠이 들어버렸다.

얼마나 잤을까?

바깥이 웅성웅성. 경찰까지 온 것 같다. 역정 내시는 아버지의 목소리가 들린다. 엄마랑 도바 아줌마 우는 소리도 나고.

"애 안 보고 뭐 했드나?!"

"으흐흑."

"애 나간 시간도 몰라? 집에 있는 사람들이 뭐하는 게야!"

"으흐흑…… 으흐흑."

뭔 일이 나도 크게 났다 보다. 동희를 잃어버렸나?

부스스 일어나 뒤주 뚜껑을 열고 나와 보니, 동희는 멍하니 섰고, 아버지 엄마는 나를 붙들고 울고불고 하신다.

"어디 갔다 이제 왔나? 얼마나 널 찾았는데."

"나 아무 데도 안 갔었는데."

"그럼 어디 있었나? 니 암만 찾아도 없던데?"

"저기 뒤주에서 잤는데. 왜?"

이런 걸 보고 등잔 밑이 어둡다 하는가. 어린 나는 생각했다.

; 동희
4

동희는 무용학원에 다녔는데, 고전무용도 발레도 너무너무 잘했다. 얼굴도 굵직굵직 서구적으로 잘생긴 동희가 하얀 발레복 입고 춤을 출 때면 〈백조의 호수〉에 나오는 하얀 백조처럼 예뻤다. 어린 내가 보기에 동희는 무희가 되는 게 딱이었고, 그렇게 될 것이라 굳게 믿었다.

학교에 입학한 동희는 수업시간마다 시도 때도 없이 "선생님, 지금 몇 시예요?" 묻다가 수업 끝나기가 무섭게 집으로 와서 싹 꾸미고 무용 교습소로 달려갔다. 급기야 학교에서 엄마를 호출했다.

"동희 어머님, 애를 무희 만드실 거면 계속 무용 시키고, 그렇지 않으면 학교 공부에 관심을 갖게 하십시오."

쇼크 먹은 울 엄마. 그 한마디에 자유롭게 날아다니던 어린 백조를 학교라는 울타리 안에 가둬버리셨다.

시간이 한참 흐른 후에야 엄마는 몇 번이나 후회했다.

"동희를 계속 무용 시켰더라면 훌륭한 무용가가 되었을 텐데. 내 일생일대의 실수였어. 백조를 백조로 키우지 못한 게 한이 된다."

그 시절, '공부가 최고'인 줄 알았던 무지가 엄마를 오래 후회하게 만들었다.

; 베토벤 할망구

우리 아이들이 피아노 배울 때였다.

"엄마, 꿈에서도 마귀 할머니가 나타나. 피아노 치기 싫어. 엉엉."

그 말을 듣고 나 어릴 적 피아노 배우던 생각이 나서 피식 웃었다. 나 역시 선생님이 무서워서 피아노 치는 것조차 거부했던 기억이 있다. 그래서 우리 애들에겐 피아노 잘 가르치는 선생님보단 아이들 마음 잘 읽는 선생님을 찾아주고 싶었는데, 그게 쉽질 않았다.

울 엄마는 야마하 피아노를 집에 들여놓고 동희랑 나를 피아노 선생님께 보냈다. 집에 피아노가 있는 건 좋은데, 피아노 교습소에 다니는 건 고역이었다.

1·4 후퇴 때 이북에서 피난 내려온, 베토벤 닮은 할머니 선생님. 달력 위에 걸어둔 쇠막대기가 언제나 두려웠다. 손가락이 삐뚤어지거나 어쩌다 음을 잘못 누르면 눈 깜짝할 새에 회초리가 날아왔다.

'칫, 잘 치면 내가 여기 왜 배우러 왔겠어? 베토벤 할망구!'

참고 참고 또 참고, 그렇게 몇 년을 견디다 열 살이 되던 해였다.

"엄마, 피아노 레슨비 되게 비싸지? 오빠들 입시하는 데 돈 많이 들어가잖아. 나라도 피아노 안 배우면 엄마 덜 힘들 텐데."
 끝까지 피아노 치기 싫단 소린 안 하고, 선심 쓰는 척 이런저런 핑계를 갖다 붙였고, 마침내 베토벤 할망구에게서 해방되었다.
 동희는 그래도 피아노가 좋았는지, 용케도 버텨내 나중에 피아노를 전공했다.

아버지에게

며칠 전 친구 윤실 씨의 생일, 미니홈피 방명록에 글을 남기려다가 윤실 씨 친정아버지께서 축하 메시지를 남겨놓으신 걸 보았다. 오십 넘은 나이에 아직도 아버지의 애틋한 사랑을 받는 친구가 너무나 부러웠다.

좀전에 손톱을 깎다가 내 손톱이 어찌나 아버지와 닮았는지 깜짝 놀랐다. 예전에 손톱깎이를 들고서 아버지가 말씀하셨다.

"손톱 발톱 좀 봐라. 똑 나를 닮았다. 씨도둑은 못한다고, 우리 큰년 보면 **손도 발도 기가 막히게 내 닮았다.**"

아버지는 삼십 년 전에 가셨지만 영원히 내 곁을 떠나지 않으셨다. 손톱을 잘라내면 다시 자라고, 잘라내면 또다시 자라듯, 아버지는 내 모습에, 내 아이들의 모습에 계속 살아 계신다.

공직에 계셨던 아버지는 냉철하고 강직하셔서 부하 직원들이 무척 어려워했다. 집안일 하는 아줌마조차도 아버지 앞에선 눈치를 보았는데, 유독 두 딸에게는 봄눈 녹듯 마음을 다 풀어주셨다.

"**우리 큰년은 예쁘진 않은데 애교가 넘쳐서** 사랑스럽다. 언짢은 일 있어도 집에 들어와 우리 큰년 보면 기분이 확 풀린다."

사실 내가 그리 애교를 떤 것도 아닌데, 집안 식구들이 예쁘다, 예쁘다, 하니까 예쁘지도 않은 게 예쁜 줄 알고 자라 낙천적인 성격이 되었다.

술 한잔하고 밤늦게 들어오실 때면 아버지는 언제나 땅콩 촘촘히 박힌 막대엿을 사가지고 오셔서는 자는 우리를 깨워 꼭 먹어보라 하셨다. 동희는 자다 말고 일어나 할짝할짝 맛있게 엿을 먹고, 나는 "잉, 양치했어요. 낼 아침에 먹을래요" 하고 극구 사양했다.

"우리 큰년은 내 닮아서 냉정하대이. 허허허."

양치 후엔 절대 아무것도 안 먹은 나는 매년 '건치상'을 탔고, 잠결에 깨엿 땅콩엿 맛나게 먹은 동희는 어릴 때부터 치과 신세를 져서 웃으면 금니가 번쩍번쩍했다.

"아부지 땜에 이 다 썩었다. 물어내소."

동희가 투정 섞인 응석을 부리면 아버지는 웃으시며 예뻐 어쩔 줄 몰라 하셨다. 밖에서는 호랑이인 우리 아버지도 딸들 앞에서만은 한없이 순한 양이셨다.

아버지는 새로운 노래가 나오면 제일 먼저 레코드판을 사오셨다. 응접실에서 〈동백 아가씨〉를 즐겨 들으시고 〈목포의 눈물〉을 따라 부르셨는데, 나는 요즘 노래는 하나도 못 부르면서 어릴 때 들은 그 노래들은 음정 박자 안 틀리고 잘 부른다.

저녁식사 후에 시가를 물고 조용히 음악감상을 하시고, 분재와 난 가꾸는 것이 취미였던 아버지. 난잎을 하나하나 닦으며 "우리 큰년은 난 같다. 좋은 사람 만나 이 난처럼 살아라" 기도하듯 중얼거리시던 모습이 생각난다.

나의 스물한 살 여름 막바지에 아버지는 저세상으로 가셨다.
작별인사도 못 한 채.
이틀 전 전화가 마지막 통화였다.
"등록금 보냈다."

아버지가 가시고도 몇 해 동안 나는 죽음을 받아들이지 못했다. 그저 아버지가 멀리 출장 가신 것처럼 느껴졌다. 여기에도 저기에도 아버지의 체취가 묻어 있었고, 시가 냄새에 아버지 생각이 나면 다시 볼 수 없다는 사실에 눈물이 쏟아지곤 했다.

가을에 낙엽을 태우며 시가를 물고 계셨던 아버지. 술 한잔하고 기분이 짠하면 아버지 생각이 나서 밤길에 〈목포의 눈물〉〈선창〉을 부르며 하늘을 올려다본다.

"아버지 잘 계시지요. 나도 잘 있어요."
"난은 아니지만 잡초도 아니에요. 중간은 가요."
"엄마 걱정되지요. 걱정 마요. 내가 잘 지키고 있어요."
지금도 누군가 시가를 태우면 나는 아버지 냄새를 맡는다.
보고 싶다.
보고 싶다.
보고 싶다.

2; 소녀시대

;여자 되는 중입니다

중학교에 들어갔더니 친구들의 관심사가 바뀌었다. 그중에서도 브래지어 착용은 단연 모든 아이들의 최대 화제였다. 나도 그즈음 뽀족하니 가슴이 막 나올락 말락 했는데, 딴 친구들은 꽤 불룩한 가슴을 하고 교복 맵시를 뽐내고 있어서 그게 마냥 부러웠다.

비결이 뭘까? 저렇게 어른 같은 모습을 한 애들은?

나도 브래지어를 하고 싶어 시장에 갔는데, 온 시장을 다 뒤져봐도 나에게 맞는 브래지어는 없었다.

"아가야, 가슴을 더 키워 오너라."

속옷 가게 주인 아주머니의 말씀. 당시 75A가 가장 작은 사이즈였는데, 삐쩍 마른 나는 65A나 있었으면 맞았을까? 교복 속에 레이스 살짝 비치는 속치마도 입고 싶은데, 그건 브래지어 찾기보다 더 어려웠다. 난 체격 미달에 조숙하기만 했던 거다.

열다섯이 되던 해, 또래 친구들은 생리에 대해 뭘 좀 아는 것처럼 이런저런 이야기를 나눴다. 한 달에 한 번 배도 아프고, 진짜 여자가 되는 거라나 뭐라나. 근데 이상하다. 나는 아직 그런 걸 안 한다. 어디 이상이 있는 건 아닐까?

어느 날 갑자기 생리가 시작되면 어쩌나 하는 것도 큰 걱정거리였다. 아버지의 지방 근무로 챙겨줄 엄마도 곁에 없고, 밤마다 잠이 오질 않았다. '갑자기 시작되면…… 이불에 묻으면……' 들은 얘기는 있고, 정확히 아는 건 없고. 열다섯 살의 나는 불안으로 매일 밤잠을 설쳤다.

그때만 해도 생리대는 지금처럼 마트에서 아무 때나 구할 수 있는 물건이 아니었다. 엄마는 내가 아직 어리다고 생각했는지 그런 얘기는 전혀 안 해주고, 비상용 생리대도 준비해두지 않은 채 멀리 떠나 계셨다.

그해 가을이 되어서야 친구들 다 하는 생리를 나도 하게 되었고, 체육시간이면 이 핑계 저 핑계 대가며 불룩한 엉덩이를 하고 양호실에 누워 있었던 기억이 난다. 그러고 보니 생리가 없는 날도 체육시간이면 배 아픈 척하며 나무 그늘 아래 혼자 앉아 영어 단어를 외우곤 했다. 친구들 보기에 내가 얼마나 얄미웠을까.

싹둑, 유니나

머리숱이 유난히 많고 반들거려 얻은 나의 별명은 '유니나'. 당시 샴푸의 대명사가 유니나였는데, 요즘으로 치면 엘라스틴 정도? 남학생들이 나만 지나가면 손가락질하며 "유니나 지나간다" 했던 시절이 있다.

학교에 갈 때는 양 갈래로 머리를 땋고 다녔는데, 한쪽 갈래가 남들 한 뭉치로 땋은 것보다 굵을 정도로 숱이 많아 쉬는 시간이면 친구들이 앞다투어 내 머리를 모양내어 땋아주길 좋아했다.

복장검사가 있는 날, 당연히 A+를 받을 줄 알고 태연히 앉아 있는데, 선생님이 가위로 한쪽만 꽁지를 싹둑 잘라버렸다. 엉엉 울면서 이유를 알려달라고 했더니 "매듭을 세 개만 지어야지 왜 네 개 지었니?" 하시는 거다.

태어나서 처음 느낀 분노의 감정! 이건 해도 너무했다. 똑같은 길이라도 헐렁하게 땋으면 세 번, 촘촘히 땋으면 네 번 매듭이 지어지는 건데. 납득할 수 없는 이유로 여학생 머리카락을 짝짝이로 만들어버린 선생님의 처사를 그냥 받아들일 수 없었다. 꽁지 잘린 친구들이 단체로 교장실로 몰려갔다. 우리의 데모는 효력을 발휘해 인상 고약한 노처녀 선생님은 징계를 받고 생활지도부 담당에서 물러났다.

위문편지

학교에서 군인들에게 위문편지를 쓰란다.

치약, 칫솔, 편지지를 비롯한 생필품과 편지 한 통을 하얀 광목 주머니에 넣어 보냈다. 국군 아저씨, 이 추운 겨울날 수고가 많으십니다. 밤낮없이 나라를 지켜줘서 우리는 편안히 잘 지낼 수 있는 것입니다. 고맙습니다. 어쩌고저쩌고.

그런데! 학교로 국군 아저씨가 날 만나러 왔다. 마침 감기로 시들시들 앓느라 두 주째 결석 중이었는데 친구에게 전화가 왔다.

"국군 아저씨가 너 만나러 왔대. 휴가 나와서 너를 꼭 보고 가야 한대."

"모른다고 해. 연락할 방법이 없다고!"

아휴, 깜짝이야. 학교까지 찾아오다니.

앞으론 위문편지 너무 잘 쓰지 말아야겠다.

위문편지 쓰던 때가 그리 먼 옛날처럼 느껴지지 않는데, 우리 아들이 벌써 군대를 갔다 왔다. 의경에 지원해서 종로경찰서에 있는데, 서울 하늘을 같이 이고 산다는 것만으로도 큰 위안이었다. 남편이랑 나는 휴일이면 혹시라도 아들을 마주치지 않을까 해서 종로를 서성였다.

　　우리 아들 보고 싶어 종로를 헤매다가 문득 그때 그 국군 아저씨가 생각났다. 우리 아들만 한 군인이 얼마나 외롭고 갈 데가 없었으면 얼굴도 모르는 쪼그만 중학생을 찾아왔을까 싶어서 마음이 짠했다.

;나의 노래

중학교 1학년 때 담임선생님은 성악을 전공하신 분이었다. 지금도 〈그 집 앞〉을 가사 하나 안 틀리고 2절까지 부를 수 있는 건 그 선생님 덕분이다. 한 사람씩 나와 노래 시험을 볼 때면 "입은 귀에 걸리게!" "배에 힘 팍 주고!" "가사 내용 속으로 푸욱 빠져들어 감정을 잡아." 어찌나 몰아치시는지, 밤새 거울 앞에서 감정 잡고 연습을 했는데도 내 차례가 다가오면 가슴이 두근두근 콩닥콩닥 뛰었다.

오가며 그 집 앞을 지나노라면
그리워 나도 몰래 발이 머물고
오히려 눈에 띌까 다시 걸어도
되오면 그 자리에 서졌습니다.

오늘도 비 내리는 가을 저녁을
외로이 이 집 앞을 지나는 마음
잊으려 옛날 일을 잊어버리려
불빛에 빗줄기를 세며 갑니다.

"가사, 감정, 베리 굿! 그러나 성량이 풍부하지 못해 점수를 많이 줄 수 없음. 노력 바람."

에이, 내가 얼마나 연습했는데…… 그래도 선생님 말씀대로 가사 내용 속으로 푹 빠져들어 감정을 잡고 〈그 집 앞〉을 불러본 이후로 가곡을 부르고 듣는 게 좋아졌다.

한 달치 용돈을 다 털어 가을맞이 가곡의 밤 공연에 혼자 갔다. 그 자리에 외로이 앉아 있는데 내가 무척 '고급 사람'처럼 느껴졌다. 감수성 풍부한 열세 살의 이행내. 음악에 흠뻑 취해 가슴이 벅차올랐던 그 밤. 지금도 가을맞이 가곡의 밤은 매년 열리고, 나는 지금도 그때 그 노래를 부른다.

;자매는 라이벌

새 교과서를 받으면 지난 달력을 뜯어서 하얀 뒷면으로 표지를 깨끗하게 싸고 그 위에 다시 두꺼운 비닐을 덮어 스카치테이프로 붙이는 게 연중행사였다.

손끝이 야무졌던 나는 형제자매들을 상대로 알바를 했는데, 사탕, 비스킷, 스낵 등 돌아오는 수입이 꽤 짭짤했다. 책 모서리를 깔끔하게 접어 처리하는 것이 포인트인데, 기껏 해서 줬더니 동희가 팔팔 뛰며 난리를 쳤다.

"지 껀 예쁘게 싸고 내 껀 성의 없이 아무렇게나 싼다 아이가. 언니야는 지밖에 모른다. 안 그런 척하면서 사람 염장 지른다."

동희는 한바탕 울고 짜고, 나도 억울해서 울었다. 해주고도 욕 얻어먹는 내 신세가 서러워서.

영하 18도가 넘는 추운 밤에 마당으로 쫓겨난 우린 댓돌 위에서 두 팔을 올리고 벌을 섰다.

죄목: 조용한 집안 시끄럽게 한 죄.
처벌: 반성할 때까지 무한정 양팔 올리고 있기.

한겨울, 잠옷 바람으로 벌서는 게 너무 힘들었다.
"동희야, 추워 죽겠다. 무조건 잘못했다고 빌고 들어가자."
"난 잘못한 거 하나도 없는데? 춥긴 뭐가 춥다고."
동희는 어느 틈엔가 스웨터를 걸치고 있었다.

여섯 남매 중 오빠 넷을 위로 하고 맨 밑에서 항상 옥신각신하던 우리 두 자매가 세월이 흘러 아이 엄마가 되었다.
"언니야, 나는 피해자다. 할머니도 언니만 예뻐하고, 언니가 잘못한 건 다 그냥 덮어버리고, 내가 미운 짓 한 건 더 크게 표시를 내고.
"내가 시험 좀 잘 본 것 같아 크게 칭찬받을 줄 알고 자신 있게 성적표를 내밀며 잘난 척 좀 할라 카몬 엄마는 김빠지게 '언니만큼은 아니어도 잘했다' 하고. 말끝마다 언니하고 비교했다 아이가.
언니야, 세상은 공평하더라. 인생살이 농사짓는 거랑 똑같데. 우리 아들이 서울대학교 들어갔으니, 내는 언니한테 원 갚음 했다. 소원 풀이 했다."
조금은 유치하고 동희다운 표현이었지만, 조카를 자랑스럽게 키운 동희가 대견했다.
하나밖에 없는 내 여동생 동희.
사는 동안 부모에게 받은 최고의 선물이 형제자매라는 걸 시간이 흐를수록 느낀다.

아이스크림

내가 고등학생, 동희가 중학생일 때였다. 당시 우리가 살던 효자동 집에서 종로까지는 멀지도 가깝지도 않은 거리였다.

어느 더운 여름날, 동희는 버스를 타자 하고 나는 걸어가자 하고 의견이 분분하다가, 결국 갈 때는 버스를 타고 올 때는 걸어오기로 하고 둘이 종로에 가서 놀았다.

집으로 오는 길, 동희는 다리가 아파 죽겠다며 버스를 타잔다.

"야, 약속이 틀리잖아. 그냥 걷자."

"언니는 걷든 말든 나는 안 되겠다."

동희는 그렇게 한마디 던지고는 버스를 타고 횡 하니 가버렸다.

나는 혼자 걷다가 집이 가까워지자 남은 차비로 아이스크림을 샀다. 아껴 먹으면서 털레털레 걸어오는데, 동희가 효자동 버스 정류장 벤치에 앉아 땀을 삐질삐질 흘리며 손부채를 부치고 있다.

동희가 날 보자마자 빽 소리쳤다.

"와 이리 늦었노! 아이고, 언니야. 저쪽 좀 봐라. 저어기 뭐가 보인다. 저게 뭐꼬?"

"어디? 어디? 뭐가?"

내가 고개를 돌린 새 아껴 먹고 있던 아이스크림 절반이 뚝딱 사라져버렸다.

"아이고, 시원하다. 아이스크림 참 맛난 거 샀네. 언니야, 이건 좀 비싸겠다!"

능청스럽게 입맛을 다시던 동희 가시나.

;커닝 동지 미경이

한 친구가 생각난다. 지금은 국가대표 축구감독이 된 허정무 선수를 좋아해서 경기마다 따라다니느라 공부는 항상 뒷전이었던 간지녀 미경이.

"미경아, 예비고사 이 년밖에 안 남았어. 이제 공부 좀 열심히 해서 좋은 대학 가자!"

"오늘 정무 오빠 나온다. 경기장 가야 돼."

"낼 시험이잖아. 공부하자."

"괜찮아, 괜찮아. 내일도 잘 부탁해. 어깨 비스듬히 시험지 잘 보이는 포지션, 알지? 평소대로 자연스럽게!"

개성 넘치는 까만 뿔테 안경을 쓰고 자기 감정에 충실했던 명랑소녀 미경이는 세상 사는 재미를 일찍 안 친구였다.

여름 날, 800미터 오래달리기를 할 때였다.

나는 젖 먹던 힘까지 다해 뛰었는데 결승점에 다다르기도 전에 하늘이 노래지더니 픽 쓰러지고 말았다. 보다 못한 미경이가 선생님께 부탁했다.

"이건 반칙이긴 하지만 행내가 죽게 생겼으니 제가 대신 뛸게요."
"하하! 니들의 우정이 가상하다만……."

시험 볼 때마다 내 어깨 너머로 도움을 받았으니 나름대로 보답을 하고 싶었던 거다. 미경이는 내 대신 뛰겠다고 선생님께 떼를 부렸지만 체육은 커닝을 할 수 없는 과목이라…… 부실한 친구 대신 선뜻 제가 뛰겠노라 나서던 그 친구가 참 귀여웠다.

훔쳐보지 마세요

울 엄마가 요즘 내 눈치만 보고 동희도 성질을 안 부리고 나에게 잘해준다. 웬일이래? 한 서너 달, 무리한다 싶을 정도로 내 신경을 안 건드리고 원하는 대로 다 해주는 게 뭔가 이상하다.

"언니야, 요즘은 괜찮나? 마음이 편안해 보이는 게 보기 좋네."

"언제는 안 편해 보였어?"

"언니야, 니 진짜 괜찮나?"

대체 얘가 왜 이러는 거지?

"죽음이 긴 잠이라면 이대로 영원히 잠들고 싶다. 일기장에 그렇게 써놨데. 언니 죽어버릴까봐 우리가 조용히 지켜봤다. 뭐가 그리 죽고 싶드나?"

입시준비가 한창일 때였는데, 매일 잠이 모자라 잠 한번 실컷 자보는 게 소원이었다. 책을 보는데 그 구절이 마음에 확 와 닿아서 일기장에 베껴놓은 걸 엄마가 본 거다.

일기 훔쳐보기 대장 울 엄마. 딸 마음 잘못 훔쳐보고 속깨나 끓이셨다.

; 첫사랑

대학교 1학년 때, KUSA(유네스코 학생회) 동아리에 가입하고 여름방학에 국토순례를 떠났다. 전국을 발로 걸으며 호연지기를 키우고 나라 사랑을 몸소 체험한다나 뭐라나. 나도 나와의 싸움을 한판 해보고 싶었다. 곱게만 자란 탓에 어려운 게 뭔지 모르고 스무 해를 살아온 나였다. 이번 기회에 고생이 뭔지, 힘들고 고달픈 것이 뭔지를 좀 배워 오리라.

아버지는 올리브(삐쩍 마른 몸에 급할 때마다 SOS를 외쳐대는 뽀빠이 여친이 내 별명이었다)를 보내는 게 영 불안하신지 걱정 가득한 얼굴을 하고 말씀하셨다.

"정 힘들면 전화해라. 지프를 보내주마."

"괜찮아요, 아버지. 난 잘할 수 있어요. 제가 몸은 약해도 정신력 하나는 누구에게도 뒤지지 않으니까요."

무더운 여름날, 11박 12일 여정으로 서울에서 기차 타고 김천으로 향했다. 조국 산하를 느끼며 힘든 자신과의 싸움이 시작된 것이다!

직지사에서 출발해 지리산 아래 진주까지 걷고 또 걸었다. 그리고 이름 모를 초등학교에 다다랐을 때, 결국 쓰러지고 말았다.

정신 차리고 눈을 떠보니 파란 하늘이 나와 너무 가까이 있었고,

이름 모를 꽃들이 지천에 흐드러지게 피어 있었다.

"여기까지 힘들게 오셨는데, 소감 한마디 하세요."

"들꽃이 너무 예뻐요."

나의 덜떨어진 소감에 허허 너털웃음 웃는 남학생이 눈에 띄었다.

진주 남강에서 촛불잔치가 열렸는데, 그날 밤 전국에서 참가한 학생들이 각자 소원을 적은 종이배에 조그만 초를 띄웠다고 했다. 나는 몸이 아파 행사엔 참석도 못하고 누워 있었지만, 함께 고생한 친구들이 돌아와 이야기를 해줬다.

"너를 위해 종이배를 띄웠다. 항상 건강하고 순수한 마음 잃지 말고 예쁘게 살라고."

서울에 돌아와서 안 사실이지만, 이리 픽 저리 픽 쓰러지며 민폐를 끼치던 내 앞에서 허허 웃던 그 사람은 전국 유네스코 학생회장이었다.

그해 여름, 아버지를 잃고 헤맬 때 아버지 웃음을 닮은 그 사람이 내 가슴속 빈자리를 꽉 채워버렸다. 가슴이 쿵쾅쿵쾅. 태어나서 처음 느껴본 이상야릇한 감정을 꽉 껴안고 그저 바라보며 일방통행 짝사랑을 했다. 그 사람을 볼 때마다 아버지 냄새가 났다. 아버지를 놓친 슬픔이 슬금슬금 지워지는 것도 같고, 마치 회색 얼룩을 핑크로 만드는 요술 지우개처럼 그냥 좋았다.

10·26 사태가 일어난 다음 해인 1980년 5월 17일, 서울역 광장에서 난리가 났다. 엄마는 청바지를 숨겨놓고 외출 금지령을 내렸다. 나는 어쩔 수 없이 청바지 대신 청치마를 꺼내 입고 엄마 몰래 집을 나와 종로에서 서울역까지의 데모 행렬에 끼었다. 청치마 입고 데모 나

온 여자는 눈 씻고 봐도 나 하나였다. 지금 같으면 '청치마녀' 어쩌고 하면서 인터넷 실시간 검색어로 떴을 거다. 그다음 날 휴교령이 내려졌고, 동아리에서 선배의 얼굴은 더 이상 볼 수 없었다.

4학년이 되어 남편과의 혼담이 오고갈 즈음.
편지 한 통이 날아왔다.
아! 선배?
그러나…… 철 지난 코트처럼 왜 이제야?
"요양원에서 지내느라 연락을 못 했다. 때 묻지 않은 네 순수함이 좋았어. 너무 늦었지만 우리 정식으로 만날 수 있을까?"
이게 웬일인가. 나만의 일방통행이 아니었던 거야? 그해 가을 말 한마디 못 건네보고 시들시들 열병을 앓았던 내 모습을 생각하자 피식 웃음이 나왔다. 으이구, 진작 말을 하던가! 때는 이미 늦었고 이젠 아무 소용 없는걸.
하지만 덜 억울했다. 이 년도 훨씬 지나 소식이 온 것을 보면 뭔가 일이 있어도 크게 있었던 것이다. 시대 상황을 미루어 짐작해보면 그럴 만도 했다.
그때 이후로 두 번 다시 콩닥콩닥 쿵쾅쿵쾅 내 심장을 요동치게 만드는 사람은 만날 수 없었다. 그러나 시간이 지나니 콩닥콩닥도 추억의 한 페이지일 뿐. 시간은 추억을 아름답게 간직하게도 하지만 지우개처럼 잘도 지우고, 망각이란 이름으로 현실을 살아내게 하는 것 같다.
한데, 삼십 년이 지나도 아직 생각나는 걸 보면 지우개가 불량품 같기도 하고……

맞선남과 꽃신

아버지를 잃은 빈자리가 어찌나 컸던지, 혼자 남은 엄마가 너무 안쓰러워 엄마 말씀이라면 뭐든지 순종하며 지냈다.

"건강하던 네 아버지가 갑자기 가는 것을 보니 나도 언제 갈지 모르겠다. 자식들 고아 만들기 순식간이겠다."

그러면서 엄마는 나의 결혼을 서두르셨다.

유학을 꿈꾸던 대학 졸업반, 스물넷은 어린 나이는 아니지만 자기 의지로 모든 걸 꾸려나가기에는 턱없이 모자랐다.

4학년 봄, 마지막 대학 축제를 친구들과 즐겁게 보내려고 계획하고 있는데 갑자기 엄마의 명령이 떨어졌다.

"미장원 가서 머리 예쁘게 하고 오너라. 급히 갈 데가 있다."

노는 둥 마는 둥 부랴부랴 머리를 하고 집으로 왔더니 그다음 지령.

"내자호텔 커피숍에 일곱 시까지 가면 누가 나와 있을 거야."

화가 났다.

그래도 맞선 자리에 나갔다. 어쩔 수 없었다. 난 진짜 엄마 말씀을 들어도 너무 잘 듣는 딸이었다.

어색한 첫 만남을 마치고 인사하고 나오면서 '이 아저씨를 서울 하늘 아래서 또 만나겠나' 하는 생각에 마음속으로 바이바이를 했다.

며칠 뒤 남자를 소개해준 이웃 아주머니가 단추 초콜릿(m&m's 초콜릿을 당시에는 그렇게 불렀다)을 잔뜩 사들고 오셨다.

"행내야. 니 어릴 때부터 이것 참 좋아했지? 사람 한 번 봐서는 모르는 거다. 몇 번도 말고 한 번만 더 만나봐라. 아줌마 얼굴 봐서라도."

어른들의 성화로 같은 장소에서 두 번째 만남이 이루어졌다. 이모는 먼발치서 몰래 훔쳐보고는 집에 와서 설레발을 치셨다.

"총각이 야무지게 생겼더라. 평생 네 고생은 안 시킬 상이야."

별 기대 없이 몇 번을 만났는데, 만나면 만날수록 박식하고 똑똑한 매력이 있는 사람이었다. 우리 딸내미 표현대로 '볼매남'(볼수록 매력 있는 남자란 뜻이란다) 스타일이었다.

하지만 그 남자는 키가 조그마했는데, 그게 눈에 걸려 선뜻 마음이 열리지 않았다. 집에 바래다줄 때 담장에 드리워진 그림자를 보면 하이힐을 신은 나보다 좀 작은 것 같기도 했다.

내가 구두를 사러 다니는데 맘에 들면 신이 작거나 컸고, 신는 것마다 불편했다. 구두 사는 것을 포기하고 돌아나오는데 주인이 날 붙잡고 간곡히 부탁한다.

"한 번만 다시 신어보세요. 이건 아가씨 맘에 쏙 들 거예요."

예쁜 수가 놓인 꽃신이었다. 긴가민가 하면서 신어보니, 어라, 편하기만 한 게 아니라 너무 잘 어울리고 예뻤다.

"이걸로 할게요."

그 신을 신고 나와보니, 꿈이었다.

꿈을 꾼 날 아침, 엄마에게 납작하고 편한 구두가 갖고 싶다고 얘기했더니 엄마는 명동에 가서 검은색 리본이 달린 플랫슈즈를 사다 놓으셨다. 그 납작 구두를 신고 데이트에 나갔는데, 그날 밤 담장의 그림자는 나보다 그 사람이 쬐끔 더 컸다.

결국 누구의 뜻이었든 나는 결혼을 선택했고, 새로운 인생이 시작되었다.

이웃집 여자가 나더러 손해 봤단다.

아저씨를 보니 장은이 엄마가 아깝다나.

"무슨 말씀, 일 센티만 컸어도 내 몫이 안 됐을 사람이에요."

;조이 커플

병곤 씨와 데이트하던 시절, 우리끼리 만든 구호가 있다.

"조씨와 이씨가 만났으니 조이풀joyful 하고, 일곱 살 차이 나니 럭키세븐lucky seven이라!"

하루는 병곤 씨가 경복궁 지붕 위에 얹힌 수호동물 '어처구니'를 가리키며 세어보란다.

하나 둘 셋 넷 다섯 여섯 일곱.

격자창 칸도 일곱 칸.

중국의 행운의 숫자는 9, 우리나라의 행운의 숫자는 7.

나이 차가 일곱 살인 게 서로 맘에 걸리던 차에 좋은 쪽으로 갖다 붙이느라 용을 쓴 거다.

이로써 우리의 만남은 퍼펙트 그 자체, 조이풀 럭키세븐의 조합이 되었다.

나는 데이트할 때마다 근사한 레스토랑에서 왕새우튀김을 즐겨 먹었다. 한번은 병곤 씨가 화장실 간 새에 메뉴판을 슬쩍 봤는데.

으악!

그 당시(삼십 년 전) 가격이 만이천 원.

쇠고기 스테이크보다 비쌌다.

갑자기 머릿속이 복잡해졌다. 만나는 것도 부담스러워졌다. 네 번이나 얻어먹었는데, 그만 만나자는 말을 어떻게 하지? 왕새우 땜에 괜히 발목 잡히는 거 아니야? 더럭 겁이 났다. 결국 엄마에게 고민을 털어놓고 지원 요청을 했다.

"엄마, 어떡하지? 뭔가 보상을 하는 게 좋겠어. 어떻게 될지도 모르는데."

다음 날, 엄마가 병곤 씨 주라며 포장지로 싼 뭔가를 건넸다.

토끼 로고가 찍힌 반짝거리는 '플레이보이' 라이터였다. 이건 또 뭔 시추에이션? 어리둥절해하는 나에게 엄마가 외쳤다.

"불타는 사랑을 기대합니다—"

혹 떼려다 혹 붙인다고, 마음의 짐을 벗으려다 우리의 만남은 또 그렇게 어물쩍 이어지고 말았다.

;99송이
장미

병곤 씨가 장미꽃 아흔아홉 송이를 들고 집으로 찾아왔다.

지금은 가벼운 오아시스에 꽂아 꽃바구니가 덜 무거운데, 그때만 해도 모래를 가득 채운 바구니에 꽃을 꽂았다. 모래에 꽂힌 아흔아홉 송이 장미꽃이 얼마나 무거운지는, 그 사람을 보내고 바닥에 놓인 꽃바구니를 들어올렸을 때 알았다.

팔이 아래로 뚝 떨어지는 것 같았다!

내가 치맛자락 살랑살랑 흔들며 앞서 올라가는 동안, 무더운 여름날 4층까지 그 무거운 걸 들고 땀 뻘뻘 흘리며 뒤따라오던 병곤 씨의 모습을 떠올리며 속으로 생각했다.

'노총각 결혼하기 참 힘드네……'

병곤 씨의 꽃바구니에 진짜 감동한 것은 나보다 우리 할머니였다. 감탄사를 연발 또 연발.

"꽃 좋아하는 남자 치고 악한 사람 없다. 꽃을 예뻐하는 남자는 감성이 풍부하니 제 안식구 엄청 아끼고 예뻐하겠다.

바윗돌에 깔려도, 눈 속에 파묻혀도, 높은 산꼭대기에 혼자 남겨져도 살아남겠다.

차돌같이 단단한 사람이다. 네 한 몸 고생 안 시키겠다. 웬만하면 마음을 정해라."

손녀딸의 행복한 결혼생활을 염원하는 할머니의 주문 같았다.

결혼을 한다는 건 엄청난 모험이었다.
스물네 살이 세상을 알면 얼마나 알까?
그러나 믿을 게 하나 있었다.
나보다 많이 산 사람들의 인생경험을, 할머니의 사람 보는 눈을.
내 나이 오십이 되니 병곤 씨가 나더러 돗자리 들고 미아리로 가란다. 척 보면 착, 관상쟁이가 따로 없다고, 눈치 9단 점쟁이가 여기 있다고.

숨겨둔 자식

신랑 가족과 상견례를 하고 나오는데, 호텔 로비에서 고모가 내 옆구리를 쿡 찌르며 말했다.

"야야, 총각 집에 가거든 눈여겨봐라. 조카딸이 셋이라며."

"근데?"

"요즘 둘도 많다, 하나만 낳아 잘 기르자, 가족계획 캠페인을 하는데 무슨 아이를 셋이나 낳았대냐? 그것도 딸만. 서른한 살 노총각이 혹시 셋 중에 하나 정도…… 사람 일은 모르니, 그 집 가거든 잘 살펴봐라."

나는 정말로 시댁에 가서 아이들 뛰노는 것을 눈여겨봤다. 조카 셋 중 가운데 아이가 자매들과 가장 안 닮고 눈매가 서글서글하고 또렷한 것이 우리 예비 신랑을 쏙 빼닮았다.

집에 와서 머리를 싸매고 고민에 빠졌다. 그 당시 숨겨놓은 아이로 인해 청첩장을 돌리고도 결혼이 깨지는 걸 주변에서 본 적이 있는 나는 혼자 추리소설을 썼다. '가운데 애가 닮은 것 같기도 하고 안 닮은 것 같기도 하고.' 애먼 놈 잡아다 으름장 놓고 다그쳐 억지 자백 받아내듯이 나는 고모의 각본에 놀아났다.

그때 나를 혼란스럽게 만든 조카 은령이는 참 예쁘다. 지금도 가장 정이 가고 내 딸처럼 귀하고 사랑스럽다. 조카사위도, 은령이가 낳은 아기 둘도 은령이를 둘러싸고 있기에 마음이 자꾸 간다.

내가 오래된 이야기를 꺼내자 은령이가 킥킥 웃는다.

"작은엄마 진짜 재밌다."

형님이 남산만 한 배로 은령이 낳으러 갈 때 택시 따따블 외치며 백병원 분만실로 데려간 사람이 우리 신랑이었다고 한다.

; 총 맞을 뻔

약혼식을 하고 주문진으로 여름휴가를 떠났다. 결혼도 안 했는데…… 망설이고 있는데 친구 내외가 동행한다고 하니 어른들도 걱정 말고 다녀오라며 부추기셨다.

참 오랜만에 가본 바다.

결혼을 앞두고 마음이 싱숭생숭하여 밤바다 모래사장을 혼자 거닐며 폼을 잡는데 갑자기 눈이 부셨다. 그리고 어디선가 날카로운 호루라기 소리와 함께 고함이 들려왔다.

"정지! 정지! 서라! 멈춰!"

너무 무섭고 당황한 나는 걸음아 날 살려라 삼십육계 줄행랑을 놓았다. 그런데 호각 소리는 점점 더 가까워지고, 확성기에서 울려 퍼지는 소리.

"움직이면 쏜다!"

땀에 젖고 겁에 질려 달음박질을 치는데, 마치 제자리걸음을 하는 것 같았다. 속도는 나질 않고, 총을 든 군인들이 추격해오고…… 이게 대체 무슨 상황인지, 머릿속은 하얘지고, 숨은 턱까지 차고, 꼭 죽을 것만 같았다.

이번에도 나의 히어로는 역시 병곤 씨.

먼발치서 일행과 도란도란 이야기꽃을 피우고 있던 병곤 씨가 내 모습을 보고 헐레벌떡 달려와 군인들에게 상황 설명을 했고, 그제야 야밤의 추격이 끝났다.

"아홉 시 이후에는 민간인도 모래사장을 걸으면 안 됩니다."

통행금지가 있던 시절, 남북 대치 상황에 삼팔선 근처라 경계가 삼엄하단다.

아휴, 십년감수했네.

하여간 나 그때 진짜 총 맞을 뻔했다.

이 결혼, 다시 생각해요

당시 병곤 씨는 건설회사에 다니고 있었다. 결혼을 한 달쯤 앞두었을 때 병곤 씨가 상무님 댁에 인사를 가잔다. 내키지 않는 걸음으로 어색하게 따라갔는데, 저녁식사를 마친 후 생각지도 못한 대화가 오가기 시작했다.

"결혼도 하게 되었는데, 이제는 사우디 현장에 함께 가야지."

이게 뭔 소리?

나 들으라고 하는 소리?

노총각 딱지 떼면 사우디로?

회사에서 가라는 사우디 행을 결혼이 늦어질까봐 차일피일 미루며 숨기고 있었던 거?

이번엔 총이 아니라 대포를 맞은 기분이었다.

그가 집에 데려다주는 동안 나는 내내 입을 굳게 다물고 있었다.

그날 밤 늦은 시각, 전화를 걸었다.

"우리, 이 결혼 다시 생각해봐요."

사우디에 갈 거라고 말했으면 진작에 '노' 했을 텐데…… 마음이 괴로웠다.

다음 날, 밤새 고민했는지 병곤 씨가 퀭한 얼굴로 찾아와서 이 변명 저 변명 늘어놓았다. 그러면서 "행내 씨 싫으면 안 갈 수도 있다"고 한다. '안 가겠다'가 아니고 '안 갈 수도 있다'니…… 그것조차 참말인지 거짓말인지 도통 알 수가 없었다. 그저 파혼 상황을 모면하기 위한 임기응변 아닐까?

결혼식 날짜가 다가올수록 모든 걸 되돌리고 싶었다.

알 수 없는 앞날이 왠지 겁났다.

나에게 정말 잘해주고 편안한 쿠션처럼 기대면 좋았기에 저울로 재가면서도 계속 만났건만, 결혼이란 규격화된 상자 속에 날 욱여넣어야 할 것 같은 맵고 아픈 예감이 느껴졌기 때문이다.

;나의 결혼식

신랑이 빵과 우유를 사들고 와서 사촌언니에게 건네며 말했다.
"꼭 먹여서 예식장에 데리고 오세요."
요즘은 결혼할 때 신랑도 신부랑 같이 미용실에서 메이크업을 받지만, 그땐 신부 따로 신랑 따로 각자 미용실과 이발소에서 단장을 하고 예식장으로 갔다.
그런데 신부화장 하는 미용실에 신랑이 직접 들러 신신당부를 하니, 머리 만져주던 미용실 원장님이 나보다 더 감격했다. 신부 먹으라고 빵 사들고 오는 신랑은 미용실 차리고 처음이라고.
겨울답지 않게 포근하고 따뜻한 날이었다. 날씨 부조 받았다, 축복받은 신랑신부다, 하객들이 온갖 미사여구를 갖다 붙이며 립서비스를 해대는데, 정작 나의 부케는 사시나무 떨듯 떨리기만 했다. 주례사도 귀에 들어오지 않고, 제발 이 시간이 빨리 지나가버렸으면 하는 마음뿐이었다. 시선을 어디에 두어야 할지 몰라 고개를 숙이고 겸연쩍게 웃고 있는데, 하객석에서 엄마와 고모의 목소리가 얼핏 들렸다.
"신부가 웃으면 딸 낳는다던데?"
"우짜노, 딸이 셋이나 있는 집인데. 웃지 마라 행내야."

나의 큰오빠가 당시 중앙부처 국장으로 있었는데, 하객으로 온 총각 부하 직원들이 한바탕 난리를 쳤단다. 이런 누이가 있단 걸 우리가 왜 몰랐을까? 결혼식장이 시끄럽도록 떠들었단다.

그렇게 많은 남자들을 뒤로하고(?) 나는 병곤 씨의 신부가 되었다.

정신없는 결혼식을 마치고 신혼여행을 가는 제주행 비행기를 타고 나서야 조금 정신이 들었다 그리고 혼자 생각했다.

'이래저래 나는 이 사람이랑 인연인가 보다. 이 사람을 최고의 남자로 여기며 아름다운 결혼생활을 꾸려나갈 것을 굳게 다짐합니다.'

; 창준이

언니야, 창준이 오빠야가 집에 찾아왔었다. 과학원 시험 붙어서 연수 들어간다고…… 이제 언니랑 자신 있게 결혼할 수 있게 됐다고 의기양양한 게 꼭 전쟁 나가 이기고 온 개선장군 같데. 그래서 내가 얘기해 줬다. 언니야 결혼한 지 이 주 됐다고.

울고불고, 아니라고, 거짓말이라고, 언니 데려가려고 죽을 둥 살 둥 공부만 했는데 이게 웬 말이냐고 울더라. 그러면서 자기는 평생 결혼 못 할 것 같데. 가슴에 묻은 사람 잊어지겠냐고……

여태 말 못했는데, 내가 결혼하게 돼서 이제야 언니한테 얘기하는 거다. 언니야, 이제 안 흔들리제? 결혼하고 그리 멀미를 하드만 이제 좀 가라앉았나?

공부도 잘하고 키도 훤칠하고 인물도 좋았던 창준이.

지금 생각하니 탤런트 오지호를 닮았다. 나보다 한 살 연하였는데, 오히려 오빠처럼 잘 챙겨주었다. 지금이야 연상연하 커플이 대세라고 할 정도지만 그 당시만 해도 한 살 어린 게 맘에 걸렸다. 무엇보다 아직 군대도 안 간 창준이의 불확실한 미래에 올인하기가 두렵고 혼란스러웠다.

갑작스럽게 눈이 펑펑 쏟아지던 어느 겨울날, 짓궂은 내 친구들이 창준이 나오나 안 나오나 시험해보자며 나더러 전화를 하란다.

눈이 오니 우산 들고 와달라고.

그 애 집이 사당동이었는데 신촌까지는 무리다 싶었다. '한 시간은 걸릴 텐데……' 머뭇거리다 속는 셈 치고 전화했는데 흔쾌히 나오겠다고 한다.

큰 우산을 들고 성큼성큼 걸어오던 키다리 머슴아.

그가 날 좋아해 따라다니던 몇 년간 마음으로 받을 수 있는 호사는 다 누린 것 같다. 오래 지켜볼수록 그 인내심이 가상했고, 진짜 날 좋아하는 것 같아서 마음을 열어줄까 했는데, 뜻밖에 엄마가 브레이크를 걸었다. 창준이의 생년월일을 넣어보니, 사주가 부귀영화를 타고나 호강은 하겠는데, 상처운이 있어 홀아비 될 팔자란다.

엄마의 반대는 단호했다.

"지금까지 잘 키운 딸 시집가서 일찍 죽어버리면 큰일나제. 이건 안 되는 만남인 기라. 치워삐라. 여자로 살면서 아픈 추억 한 개 없으면 재미없는 기라. 가끔 들춰보는 옛날 사진처럼 꽁꽁 숨겨놓자."

엄마는 미련 남으면 안 된다고, 안 될 싹은 애당초 잘라버려야 한다며 네 귀로 직접 들으라고 나를 동네 철학관에 보내셨다.

수염 긴 그 할아버지는 붓으로 수재 영재 한자를 몇 번이나 쓰시며 "박사 되겠네, 귀한 박사 되겠어" 감탄사를 연발했다. "그런데…… 상처운이 있어서 아가씨 그리 가면 일찍 죽겠소. 박사 사모님 소리는 한 번 듣겠구먼. 결정은 아가씨 몫이요."

나에게 매력남의 기준은 첫째 지성, 둘째 인텔리전트, 셋째 박식이었지만, 그래도 내가 일찍 죽는다는 말에는 머릿속이 복잡해졌다.

어느 이른 봄.
창준이가 기쁜 얼굴로 날 만나러 왔었다.
"졸업하고 결혼하자. 집에서 오케이하셨어."
하지만 그때 내겐 너무나 먼 얘기처럼 들렸고, 그가 애송이 같게만 보였다.
"뭘 믿고 너랑 결혼해?"
"군대 안 가면 할 수 있지. 과학원 가면 군대 안 가도 되고."
카페 테이블 위에 놓인 칵테일의 진분홍 빛깔이 한없이 서럽게 느껴졌다. 한참을 말없이 있다가 마침내 내가 입을 열었다.
"널 위해 기도할게. 큰 나무가 되게 해달라고. 그 나무그늘 아래 쉬어가는 사람들이 너를 축복하게 해달라고. 잘될 거야. 이제 그만 안녕."

3; 내 이름은 이행내

; 삼백 원짜리 사과를 사라

후지 사과를 몇 개 샀다. 큼직하고 때깔이 좋은 게 한 입 베어 물면 새콤달콤한 과즙이 입 안 가득 퍼졌다.

"새아가, 사과가 왜 이리 크냐? 한 알에 얼마 줬냐?"

"오백 원이요."

"뭐? 오백 원? 삼백 원이면 괜찮은 것 사는데. 아이고머니나, 통도 커라. 앞으로는 조그만 걸로 사라."

난 원래 요만 한 사과 먹고 살았는데 왜 이런 대화를 해야 할까?

"우리 조카딸은 시집가서 어찌나 알뜰살뜰 피가 나게 살림하는지, **사과 먹고 싶으면 오이 사먹는다더라.**"

사과가 먹고 싶은데 왜 오이를 먹어요?

시어머니는 알뜰주부 사례를 열거하며 열변을 토하셨다.

세상물정에 관심 없던 나는 입이 삐죽 나오고 가슴이 벌렁벌렁했다. 앞으로 내가 어떻게 살게 될지 생각하니 앞이 캄캄했다. 결혼하고 힘들어 죽겠는데 **어머님은 항상 감사히 여기고 기뻐하라고 하셨다.**

뭐가 그리 감사할까?

뭘 그렇게 기뻐해야 할까?

도통 알 수가 없었다.

"난 주어진 것에 감사했다. 상황이 더 나빠지지 않도록 기도했다."

그러나 어머님 말씀을 귀로는 들어도 마음에는 전혀 와 닿지 않았다. 그러니까요, 시어머니 선생님, 구체적으로 감사할 여건을 만들어주시면 감사할게요.

시간이 많이 지난 후에야 깨닫는다.

살다 보면 감사할 수 없는 일투성이기에, 감사할 수 없는 상황일지라도 살아내기 위해선 감사하는 훈련을 해야만 한다는 것을.

이런, 된장

남편에게 전화가 왔다.

"저녁 초대 받았으니 준비하고 있어요."

미장원에 가서 머리 예쁘게 손질하고 꽃단장하고 향수 칙칙 뿌리고 남편 오기를 기다리고 있었다. 그런데 오후 느지막이 시어머니가 **퀴퀴한 냄새 진동하는 메주를 들고 연락도 없이** 들이닥치셨다.

"간장 된장 담그는 시범을 보일 테니 자세히 잘 봐둬라."

시어머니는 베란다에 쭈그리고 앉아 항아리에 메주 넣고 물 붓고 숯하고 마른 고추 띄우고 일어서시더니 "아이고, 내 허리야!" 하고 도로 주저앉으셨다.

결혼하고 첫 외출은 그렇게 펑크가 났고, 나는 사십 일간의 병수발에 들어갔다. 병명은 퇴행성관절염과 요통.

남편 출근시키고 어머님 모시고 종합병원에 다녀와서 점심상 차리고 치우고 병문안 오는 친척들 뒤치다꺼리하고 나면 벌써 저녁이었다.

이게 결혼인 거야?

이게 전부는 아니겠지?

설마 계속 이렇게 살아야 되나?

결혼을 하고 나니 내가 전혀 예상치 못한 일들이 쉼 없이 일어났다. 숨은그림찾기처럼 여기저기에 뭔가가 숨어 있는데, 그게 대개는 별로 즐겁지 않은 것들이었다.

시이모님은 듬직한 체구에 후덕한 어른이셨는데, 딸을 여럿 키우신 분이라 비실비실한 내가 동동 뛰어다니며 수발드는 모습이 안돼 보였는지 한마디 하셨다.

"새댁이 아픈 시어머니까지 수발하느라 애쓴다. 힘들지, 그쟈?"

"아이고, 언니도 참…… 내가 밥 떠먹여야 하는 환자도 아니고 무슨 그런 말씀을 하셔."

이모님께 눈 깜짝거리며 정색하던 어머님 모습이 지금도 생각난다. 밴댕이 소갈딱지 내 가슴이 부글부글 끓어올랐다. 무작정 밖으로 나가 엄마에게 전화를 걸었다.

"나 하나 더 있다고 밥값이 더 들어, 옷값이 더 들어? 무엇이 급해, 무엇이 아까워 그렇게 빨리 치워버렸어?"

엉엉 울고 또 울었다.

한참 울다가 공중전화 박스에 문이 있어 다행이라는 생각이 들었다. 이 문을 나서면 난 내 자리로 돌아가야 한다. 이겨내야 한다. 못살고 돌아왔단 소린 절대 듣고 싶지 않다. 패배자, 패잔병, 이런 딱지를 붙이긴 싫다. 자존심 때문에 눈물을 닦았다.

"이젠 병원 안 오셔도 됩니다. 너무 무리하지 마세요. 재발하지 않게."

통원치료가 끝나자 아주버님과 형님이 어머님을 모시러 왔다. 철없는 새댁은 때를 놓칠세라 생색을 냈다.

"제가 사십 일을 병원 모시고 다녔어요."

그러자 형님이 정색하며 한마디 하신다.

"**평생 모시고 사는 나도 있거든?**"

그땐 참 서운하고 야속했는데, 세월이 많이 지나 생각하니 60억 지구에서 많고 많은 여자 중에 이 집안 며느리로 둘이 만났으니 얼마나 소중한 인연인가 싶다.

빨간색 알레르기

시집올 때 엄마는 귀여운 다람쥐가 수놓인 빨간 앞치마를 사주셨다. 덩치가 크고 우람한 시어머니는 우리가 신혼여행에서 돌아오자마자 집으로 오셔서 새벽부터 그 앞치마를 두르고 부엌을 장악하셨다.

"이건 우리 아들 좋아하는 것, 이건 우리 아들 잘 먹는 것."

잠이 덜 깨 부스스한 나를 아랑곳하지 않은 채 잠시도 손을 쉬지 않고 계속 뭔가 일을 벌이셨다. 나는 친정엄마가 사준 앞치마를 한번 입어보지도 못하고 **매일 빨간 앞치마 두른 시어머니를** 지켜봐야만 했다.

우리는 1층에 신혼살림을 차렸는데 어머니는 우리 아파트 화단에 동치미 독을 묻어놓고 매일 동치미를 떠오라 하셨다.

캄캄한 겨울밤, 쭈그리고 동치미 독을 들여다보는데 쥐가 휙 지나간다. 그러자 어둠 속에 웅크리고 있던 도둑고양이가 파랗게 눈을 빛내며 나를 노려본다.

"엄마야!"

뒤로 꽈당 넘어지며 눈물이 났다. 이렇게 사느니 잠 안 자고 공부하는 게 훨씬 쉽겠다.

집안 풍습을 익히고, 시어머니를 살림 스승으로 받아들이고, 엄마에게도 듣지 않던 잔소리와 간섭을 하루가 멀다 하고 들어야 하는 현실이 괴로웠다. 몸도 마음도 지쳐 그 어느 것에서도 행복을 느낄 수 없었다.

친구들 중 결혼 테이프를 가장 먼저 끊어 우리 집은 한동안 친구들의 아지트였다. 맛있는 것도 만들어 먹고 즐거운 모임을 갖기에 딱 좋았다. 그러나 그것도 잠시, 어머니가 자주 와 계시자 친구들의 발길은 뚝 끊어졌다.

"열무를 다듬을 때는 일일이 줄기 하나하나 깨끗이 씻고 여섯 번은 헹궈야 흙이 빠진다."

관심도 없는 것을 배우느라 좀이 쑤시고 화가 났다. 현실에서는 열무 줄기를 헹구고 있었지만, **상상 속에서는 열무를 내팽개치고** 친구들을 만나러 열두 번도 더 뛰쳐나갔다. 학교 다닐 때는 공부를 열심히 하면 학점이 나오고, 그림을 열심히 그리면 결과물이 있었는데, 집안일은 해도 해도 힘들기만 할 뿐 표시도 안 났다.

가사에 익숙해질수록 그 많던 **친구들은 하나둘 멀어졌고**, 얼마 지나지 않아 친구들 모임에도 나가기가 어려워졌다. 아가씨들 틈에서 나의 패션 감각은 '구려'졌고, 문화의 갭이 커져서 서로 맞장구치며 할 얘기도 없어졌다.

내가 결혼하고 6개월 만에 동희가 결혼 날짜를 잡았다.

동생 결혼식에 입고 갈 투피스를 맞춰주신다며 엄마가 명동으로 나오라고 했다. 양장점에서 엄마는 **빨간색 바탕에 흰 땡땡이가 살금살금 들어 있는** 옷감을 골라 내 얼굴에 대보시곤 말했다.

"야야, 너무너무 예쁘다. 생기가 돌고 얼굴이 다 환해 보인다. 이걸로 해라."

"아이, 참, 나 빨간색 싫단 말이야!"

나는 신경질적으로 빨간 천을 거부했다. 집에서 보던 빨간 앞치마에 질린 새댁은 명동에서 빨간 옷감을 보자마자 투피스고 뭐고 기분을 잡쳐버렸다.

이승복은 공산당이 싫어요,
이행내는 빨간색이 싫어요!

나의 빨간색 알레르기가 완치되기까진 꽤 오랜 시간이 걸렸다. 서로 다른 부모와 환경 속에서 자란 두 사람과 그 가족들이 만나 함께 산다는 게 어찌 쉬운 일이겠는가? 변화가 싫기만 했던 스물네 살 신부의 뾰족한 마음이 깎여 동글동글해지기까지는 빨주노초파남보 각종 알레르기가 무지갯빛으로 계속되었다.

스타일은 소중하다

개성 없어 보이지만 무지 개성이 강한 나. 있는 듯 없는 듯 말썽 한 번 안 피운 나였지만, **엄마가 옷을 사온 날만은 하루 종일 울고 짜고** 집안 분위기를 잔뜩 흐려놨다.

그 꼴을 본 아버지는 엄명을 내리셨다.

"시끄럽게 하지 말고 옷 살 때는 꼭 데리고 가서 제 눈에 드는 걸로 고르게 하시오."

천을 비벼보고 만졌다 놓았다, 얼굴에 대봤다가 멀찌감치 들고 실눈 뜨고 살펴보고, 그러다 이내 도로 놓아버리고는 시큰둥, 고양이 배춧잎 보듯 구미 안 당기는 표정을 짓고 있으면 엄마는 꽥 소리를 질렀다.

"불만 있으면 말로 해봐라. 이게 어디가 어때서. 니 이거 얼마짜리 옷인 줄 아나?"

그러거나 말거나 내 맘에 안 드는데 어떡해.

시집 와서 첫 생일날.

시어머니께서 옷을 선물로 주셨다. 빨강에 초록 무늬가 홀치기 염

색된 티셔츠. 그리고 섭섭할 테니 형님 것도 똑같은 걸로 하나 더 사셨단다.

아니, 우리가 은방울 자매도 아니고. 흥부가 기가 막혀.

내 표정을 읽으신 어머니는 그날 이후로 지금까지 생일선물을 현금으로 주신다.

"내 눈에 예쁜 게 네 눈에도 예쁜 건 아닌가 보다. 네 눈에 드는 것 사라."

;나에겐 첫딸

"축하합니다. 임신입니다. 내년 8월이면 예쁜 아기가 태어납니다."
결혼한 지 일 년째 되던 날이었다.
나는 대학에 합격했을 때보다 더 기뻤다.
늦게 결혼해서 아이 아버지가 되는 남편도 너무나 좋아했다.
그러나 배가 점점 불러올수록 은근히 걱정이 됐다.
"아들 낳아야지!"
나만 보면 말씀하시는 어머님이 어찌나 부담스럽던지. 손녀딸만 셋을 얻은 우리 어머니는 작은아들에게서라도 아들 손자 보길 기도하고 또 기도하셨다.

출산 예정일.
해산의 고통이 뭔지 모르는 예비 엄마는 분만실에 누워 잔잔히 흘러나오는 나나 무스쿠리의 〈어메이징 그레이스〉를 따라 부르며 몇 시간 후면 예쁜 아기를 만날 생각에 가슴이 설렜다.
그러나 막상 아이 낳는 건 맨 정신으론 설명하기 힘들 만큼 아팠다.
"으앙—"

간호사가 아기를 품에 안겨주는데 혈색이 어찌나 예쁘던지 복숭아 같았다. 너무 행복해서 아기를 향해 활짝 웃어 보였다. 그러자 서운한 표정이 역력한 어머니가 실실 웃고 있는 나 들으라는 듯 "손녀딸만 네 번째네" 하셨다.

그러자 남편이 정색하며 말했다.

"나에겐 첫딸이에요!"

; 내 이름은 이행내

스물여섯에 딸아이를 낳자 세상에서 나만 아이 낳은 것 같고 나만 엄마가 된 것처럼 뿌듯하고 자랑스러웠다.

하루는 친구 집에 전화를 걸었는데 친구 어머니가 받으셨다.

"집에 없는데, 누구라고 전해줄까?"

"장은이 엄마라고 하면 알아요."

그러자 친구 어머니가 수화기 너머에서 굳은 목소리로 내게 물으셨다.

"넌 이름이 없니?"

"아…… 저는……"

"어떤 경우에도 네 이름 석 자는 지니고 살아라."

아차 싶었다. 나를 잠시 잊어버렸구나.

幸(행복할 행) 乃(내 내)

내내 행복하라고 아버지가 지어주신 내 이름 행내.

나는 결심했다. 평생 내 이름 석 자 '이행내'를 갖고 살기로.

지금도 남편은 나를 꼭 이름으로 부른다.

궁금한 게 있으면 "이행내, 이게 뭐야?"

맛있는 걸 먹고 있으면 "이행내, 맛있어?"

퇴근하고 들어오면 "이행내, 오늘 잘 지냈어?"

그때 나에게 가장 중요한 걸 가르쳐주셨던 친구 어머니는 소설가 **박완서 선생님이시다.**

;파마 기피증

내가 긴 생머리 휘날리며 유모차를 밀고 동네 한 바퀴 산책을 하노라면 아주머니들이 한마디씩 했다.

"아유, 애가 참 순하네. 이모인지 고모인지 아기 한번 잘 보네."

"제가 엄마에요."(으쓱으쓱!)

또 시어머니랑 같이 길을 걸어가는데 동네 아주머니가 말을 거신다.

"따님인가 봐요. 참하고 예뻐서 어디 좋은 데 중매하고 싶네."

그때 내 나이 스물여섯, 아직은 꽃다운 청춘이었다.

다음 날, 어머니가 집으로 오셨다.

"에미야, 나랑 미장원 가자. 머리를 보글보글 볶으면 애기 엄마 티가 나겠지. 오늘 당장 머리하러 가자."

아기를 업으면 뒤에서 긴 머리를 잡아당겨 번거롭기도 했고, 어머님 말씀도 있고 해서 머리를 짧게 자르고 웨이브 파마를 했다.

그런데 거울을 아무리 들여다봐도 어색한 게 나 같지 않았다. 볼수록 우울했다. 곱슬곱슬한 파마머리가 완전히 풀리고 잘려나가기까지는 꽤 오랜 시간이 걸렸다.

그 이후 나는 다시는 파마를 하지 않았다.

지금 딸아이가 그때 내 나이가 되었는데, 요즘은 짧은 머리가 대세라며 **길었던 생머리를 짧게 자르고 뽀글뽀글 단발을 하고** 나타났다. 김나영 머리라나 뭐라나.

귀엽기도 했지만, 옛날 내 모습과 겹쳐져 웃음이 났다.

'너나 나나 짧은 파마머리는 아닌 것 같다.'

자기가 거울 보고 영 아니란 생각이 들면 다시 기르겠지 싶어 이 말은 꾹 참고 예쁘다고 해줬다.

아줌마 패션

결혼하고 맞은 첫 새해. 한복을 단아하게 차려입고 세배를 드리는 게 기본인 줄 알았던 나는 한복에 노리개까지 차고 한껏 멋을 낸 뒤 시댁에 갔는데, 내 기억으로는 그게 시집에서의 마지막 설빔이었다.

큰댁에 갔는데 어른들 심사가 편치 않아 보였다.

홈드레스를 입은 어른들 왈.

"새아기는 일하러 왔냐, 멋 내러 왔냐."

그 사건은 나의 패션 감각이 추락하는 시발점이 되었다.

아가씨 시절 폼생폼사였던 내가 '에라이, 패션 따위!'라는 생각을 하게 되고 지극히 평범한 아줌마로 전락하는 데는 그리 오랜 시간이 걸리지 않았다.

결혼하고 몇 해 뒤.

친구 결혼식에 갔더니 친구 언니가 깜짝 놀란다.

"결혼하면 이렇게 되니? 그렇게 멋 부리고 다니던 너는 어디 가고 웬 아줌마가 와 있어? 가꾸면서 살아. 안 그런 사람이 그러고 사니 어울리지 않는다."

집에 돌아와 조용히 거울을 들여다보니, 한 방 맞을 만하긴 했다.

"언니, 걔가 이상해졌더라. 그 멋쟁이가 티쪼가리에 청바지 입고 운동화 신고 가슴에 아기를 매달고 가는데…… 눈물이 다 나더라고. 시집 잘못 간 거 아닌가 몰라. 없이 사는 것도 아닌데 집 나오면서 차림새가 그게 뭐야."

아이 안고 길을 가다 우연히 이모와 마주쳤는데 이모가 호들갑을 떨며 엄마에게 전화를 했단다. 아기를 가슴에 안고 다니니 자극이 없는 순면 티를 입었고, 자동차 없이 대중교통을 이용하니 청바지 차림인데 그게 뭐 어쨌다고.

우리 이모는 그때도 지금도 참 멋진 여자다. 외모도 따라주지만 그에 못지않게 부단히도 가꾸신다. 여든이 넘은 지금도 그레이스 켈리 같은 우아함을 잃지 않고 산다. 그런 이모가 나를 보았으니 기가 막힐 수밖에.

"여자와 집은 가꾸기 나름이야. 환경이 어떻든 적어도 현상유지는 본인 몫이다."

이모는 나에게 열변을 토했다.

그 당시 내겐 가슴에 매단 아기가 훈장이었고, 귀걸이 목걸이, 어떤 액세서리 못지않게 반짝반짝 빛나는 보석이었다. 나는 괜찮은데 남들이 이러쿵저러쿵 말하니 팔랑귀가 되어 마음이 흔들흔들 속이 상했다.

찰리 채플린은 "인생은 멀리서 보면 희극이고 가까이서 보면 비극이다"라고 했는데, 때에 따라선 반대일 수도 있다.

친구 언니에게, 이모에게, 내 모습이 초라해 보였는지는 모르지만, 티셔츠 차림에 아이를 안은 나는 장은이 엄마인 게 얼마나 뿌듯하고 자랑스러웠는지 모른다.

누가 말씀 좀 해주시지

큰 조카딸이 박사논문 준비할 때였다. 그쪽 시댁에서 벌써 "우리 박사 며느님" 하고 부른다며 어머님이 엄청 신나서 자랑하신다. 당신이 애지중지 업어 키운 첫 손녀였으니 얼마나 좋으실까 생각하다 옛날 일이 불현듯 떠오른다.

장은이가 갓 돌을 지났을 때 대학원 원서를 쓰고 어머님께 말씀드렸다.

"어머니, 공부를 더 하고 싶어요. 아이는 친정엄마가 봐주실 거고요. 아범 사우디에서 돌아오기 전에 학교 가려고 해요."

"그 뜨거운 사막에서 땀 흘리며 일하는 사람 생각이나 하는 거니?"

"네?"

"어멈이 애를 잘 키워야지, 공부는 뭔 공부…… 대학 나왔는데 더 잘나 뭐하게?"

시집오면서 어릴 때부터 같이 지낸 동생 남이를 데리고 왔었다. 친정엄마는 남이가 잘 도와줄 테니 아무 걱정 말고, 결혼하면 공부도 더 잘할 수 있을 거라고 했다. 나는 그 말만 철석같이 믿고 시집을 왔는데, 오자마자 시어머님의 날벼락이 떨어졌다.

"남이는 보내라."

"엄마가 남이 월급이랑 뒷바라지 다 하신댔는데……"

"평생 데리고 있을 것 아니면 지금 보내."

내 팔자는 여기서부터 어긋나기 시작했다.

결혼하고 지금까지 항상 마음 한구석에 구멍이 뚫린 듯 찬바람이 쏴아 들어오는 부분이 있다. 배움의 길은 무한한데 결혼으로 인해 닫혀버린 것이다.

요즘 사람들은 결혼하고도 자기 하고 싶은 일을 잘하던데 난 바보였는지, **좋은 게 좋은 거다 싶어 그냥 되는대로** 살았던 것 같다.

그 후로도 막내오빠가 일본에 있을 때, 같이 살진 않더라도 곁에 있으면 의지가 될 것 같아 일본 유학을 여러 번 고민했다. 그런데 아무리 생각해도 아이가 맘에 걸렸다.

남편이 해외근무를 할 동안 딸아이를 친정에 맡기고 떠나고도 싶었지만, 아빠도 멀리 있는데 엄마까지 공부하러 가버리면 아이가 너무 안됐지. 외할머니가 잘 보살필 테지만 아프기라도 하면 어쩌지. 이런저런 생각이 발목을 잡고 놓아주질 않았다.

"아이 셋 낳은 셈 치고 너를 키워라."

내가 아직 젊었을 때, 아이 둘 키우느라 정신 없었을 때, 누구 한 사람이라도 이렇게 이야기해주었더라면 얼마나 좋았을까.

나는 누구일까

스물아홉에서 서른으로 넘어갈 즈음, 의문이 들기 시작했다. 나는 누구일까? 당연히 한 남자의 아내고 두 아이의 엄마고 며느리이자 딸이지만, '나를 찾고 싶은 괴로움에 시들시들 앓았다.

어떤 이는 호강에 겨워 일부러 고민을 만들어내는 나를 이상한 듯 바라봤지만, 가사와 육아만으로는 아무리 해도 완벽한 기쁨을 느낄 수 없었다.

나무꾼이 **숨겨놓은 날개옷을 찾기 위해 애쓰는 선녀처럼** 나는 세상을 향해 빈 날갯짓을 여러 번 했다. 엄마라는 직책을 포기할 수도 없고, 내 대신 아이들을 키워줄 사람도 없고, 집에서라도 내가 나를 위해 할 수 있는 게 뭘까?

고민하다가 다시 그림을 그리기 시작했다.

빗자루 대신 붓을 들자 어찌나 좋던지 신들린 듯 채색화에 몰입했고, 아이 둘을 재워놓고 새벽 서너 시가 되도록 시간 가는 줄 모르고 그렸다. 몸은 힘들어도 신바람이 났다. 내가 좋아하는 일, 잘할 수 있는 일을 이제라도 할 수 있다는 게 행복했다. 그림은 내 삶의 활력소가 되었으며 진짜 살아 있다는 생각이 들게 했다.

유학 준비하며 배웠던 일본어를 잊어버리지 않기 위해 일본어학원에도 다녔다. 잠시나마 잊고 있었던 단어와 문장들이 새록새록 기억나서 재미가 났다. 그렇게 공부하며 나를 키워가니 삶에 자신감이 붙었고, 아이들도 더욱 예쁘게 느껴졌다.

세월이 지나 보니 아이 잘 키우는 것도 중요하지만, 나 자신을 개발하고 가꾸는 것이 모양새도 좋고 실속 있는 것임을 깨닫는다. 스스로에게도 당당하고, 아이들 다 자랐을 때는 잘난 엄마로 폼도 나고.

딸아이가 예원학교 입시 준비를 할 무렵, 나의 채색화 실력도 꽤 높아졌다. 하지만 이번에도 역시 나는 나보다는 미래가 창창한 아이에게 투자하기로 결정했다. 살림과 육아와 나의 일을 함께 하기 힘들었던 시절의 변명 같지만, 딸아이의 재능을 믿고 나의 인생과 맞바꾼 것이다.

내 예상이 맞긴 했다.

나보단 딸아이가 훨씬 더 멋지게 잘 자라주었으니까.

친구들도 나더러 성공했단다. **딸이 너보다 진화했으면 된 거란다.** 내 인생에 이보다 더 훌륭한 포트폴리오가 어디 있냐는 말에 고개가 끄덕여진다.

그러나 딸에게는 이렇게 말하고 싶다. 결혼은 선택이지 스물몇 살에 꼭 해야 하는 필수사항은 아니라고. 실력을 쌓아 너 스스로 혼자 온전히 설 수 있게 된 뒤에, 그다음에 결혼을 생각해도 늦지 않다고.

인간의 평균수명도 백 살 가까이 늘어났는데 이른 결혼으로 오랫동안 여기저기에 매여 살아야 할까. **행복을 만드는 건 자기 자신이지** 누가 대신 해주거나 선물할 수 있는 게 아니다.

삼십대도 여자

내가 대학 신입생이었을 때 우리 교수님이 서른아홉이었는데, 그땐 교수님이 도통 여자라는 생각이 안 들었다. 스무 살의 시각으론 서른을 넘은 '여자'란 가능치 않은 일 같았다.

그런데 내가 서른, 마흔 넘어 보니, **난 여전히 여자였다.**

물리적 나이는 들어가지만 마음은 불로초라서 늙지 못한다.

아이들 학교 보내고 그림 그리러 가는 길에 집 앞 버스 정류장에 서 있는데, 어떤 중년 부인이 반갑게 말을 걸었다.

"아가씨."

와우, 이게 언젯적 들어본 호칭?

"우리 아들 둘이 미국에 있는데, 하나는 서른한 살, 하나는 서른네 살이에요. 근데 도통 결혼할 생각을 안 해. 그래서 내가 직접 며느리감을 찾아 나섰어요. 내가 몇 년 전부터 동네에서 지켜봤는데 딱 우리 집 식구인 것 같아."

아이 일찍 낳아놓고 혼자 살랑살랑 다니니까 올드미스인 줄 아셨나보다.

아직은 남들이 나를 아가씨로, 여자로 본다고 생각하니 기분이 짱 좋았다.

결혼해서 아이들이 어릴 때는 엄마라는 타이틀이 붙는 대신 여자라는 라벨은 떨어져나가는 줄 알았다. 그런데 내 일을 갖고 취미가 생기고 나니 예전 패션 감각도 다시 살아나고, 길 가다 아가씨 소리도 듣는다.

올레, 이행내 만세!

음치 어머니

결혼 초, 남편이 사우디 현장에 가 있던 이 년 동안 나는 저녁마다 남편에게 편지를 쓰는 것으로 하루 일과를 마무리하곤 했다.

어둠이 찾아오고 아이가 잠든 시간, 문단속 하면서 현관에 놓인 신발 두 켤레를 보면 가슴이 한없이 따뜻해졌다. 아이가 걷기 전에는 내 신발만 덩그러니 놓여 외로워 보였는데, 아이가 걸음마를 시작하니 **손바닥만 한 레이스가 달린 꼬까신 한 켤레가 앙증맞게** 곁에 붙어 있다.

순간 눈물이 핑 돌았다.

시어머니가 종종 하시던 말씀이 떠올랐다. 일찍 남편을 사별하고 어린 아들 둘을 혼자 키우신 어머님은 내가 뵌 적 없는 아버님을 떠나보내고 눈물이 나질 않았단다. 남편 잃은 슬픔보다 어린 아들 둘 키울 걱정이 앞서 눈물 찍어낼 겨를이 없었다고.

그때는 홀시어머니의 무용담처럼 흘려듣고 말았는데, 내가 엄마가 되어보니 조금 알 것도 같다. **남편 없이 혼자 아이를 키운다는 것**은 정말 무섭고 용기를 필요로 하는 일이었겠구나 싶었다.

어머님은 살림의 고수이긴 했지만, 평생 집안일에서 벗어나지 못하셨다. 요리 솜씨가 좋으셔서 부엌에서 나오질 않으셨고 손재주가 뛰어나신지라 늘 바느질로 뭔가를 만드셨다. 어머니는 잘하는 게 오로지 일뿐이셨다.

"어머니는 못하는 게 있으세요?"

"으응, 나는 노래를 잘 못해."

백 점인 줄 알았던 어머니에게 2프로 부족한 것은 노래였다.

주말마다 백화점 문화센터의 노래교실에 어머니를 모시고 다니며 함께 노래를 불렀다. 그 시간만큼은 노래에 빠져 우리 둘 다 집안일 같은 건 잊어버렸다.

매일 이른 아침부터 전화가 왔다.

"에미야, 음 좀 잡아봐라. 내가 불러볼 테니 어디가 이상한지 좀 들어봐라. 그으대 가슴에 얼굴을 묻고 나는 울고 싶어라아아—"

무서운 선생님 같기만 했던 어머님의 또다른 모습에서 인간미가 느껴졌다.

"첫 음을 너무 높게 잡지 마시고, 차분하게 분위기를 잡으세요. 진짜로 그대 가슴을 느끼면서!"

잡다한 집안일에서 잠시 벗어나 신선함을 느끼기 시작한 고부간의 대화였다.

전화 레슨은 계속되었고, 어머니의 노래 실력은 나날이 향상되었다. 한데 그보다 더 눈에 띄는 변화는 잠시반시 쉬지 않고 쓸고 닦고 불고 털고 집안일에만 온 힘을 쏟던 어머니가 문화센터 가는 날엔 화장도 예쁘게 하고 옷차림에도 신경을 쓰기 시작하셨다는 것이다.

노인대학에도 나가게 되신 어머니는 외출의 즐거움도 느끼고, 보는 눈이 업그레이드 되고, 듣는 귀가 세련되어졌으며, 점점 문화인으로 변신하기 시작하셨다.

몇 해 동안 여름휴가 때 어머니를 모시고 다녔는데, 어느 해인가 이제 함께 안 가시겠다고 했다.

"젊은 아들 내외 여행 가는 데 시어미 따라가는 건 애호박에 손톱자국 내고, 수박에 말뚝 박는 거라더라. 그동안 눈치 없이 그것도 몰랐다."

"어머니, 아니에요. 형님네랑 사시는데 휴가 때만이라도 같이 지내요."

우리끼리 신나게 수영하는데 옆에서 개헤엄만 치시던 어머니. 서울 올라오자마자 수영장에 등록하시곤 일 년 동안 열심히 수영을 배우셨다. 그리고 그 이듬해 휴가 때, 물개처럼 자유자재로 물속을 휘젓고 다니시는 어머니 모습이 참 보기 좋았다.

"하느님께 감사하다. 너를 내 며느리로 보내주셔서. 네가 나를 다시 여자로 태어나게 했다…… 고마워."

그 말씀을 듣는 순간, 마침내 내 마음에도 봄이 왔다.

;가출

남편 출근시키고 큰애 유치원 보내고 설거지하고 작은애 재워놓고 빨래를 하는데, 이게 웬일? 하얀 와이셔츠에 너무도 선명한 마릴린 먼로 입술 도장이 찍혀 있었다!

머리가 새하얘지고 아무 생각도 안 났다. 누구에게 말도 못 하고 하루 종일 배신감에 치를 떨었다. 그날따라 남편의 귀가는 늦어졌고, 자는 아이 둘을 두고 집을 나왔다.

딱히 갈 데도 없으면서 무작정 집을 나온 나는 갑자기 바다가 보고 싶어졌고, 서울역에서 새마을호를 잡아타고 부산으로 달렸다.

새벽 네 시.

부산역은 음산하고 무서운 회색 느낌이었다. 역 밖으로 나가지도 못하고 다시 서울 가는 열차를 찾는데, 여섯 시나 되어야 출발한단다.

그때 눈빛이 이상한 아저씨가 다가왔다.

"내가 뭘 좀 보는데, 아가씨! 북쪽으로 가면 죽는대이. 마, 내캉 살자. **집 나왔나? 내 따라와라. 내하고 인연인갑다.**"

가슴이 쫄아붙어 사방을 두리번거리며 마음속으로 SOS를 외치고 있는데, 마침 나이 지긋한 아주머니 한 분이 곁을 스쳐 지나갔다. 나는 얼른 그 아주머니에게 쫓아가 속삭였다.

"아줌마, 저랑 친한 척 좀 해주세요."

"아따, 이 아가씨 겁도 많네. 서울서 왔나?"

"네……"

"원래 집 나오면 이런 기라. 개고생한다카이."

순식간에 난 비행 청소년, 아니, 비행 아줌마가 되어버렸다.

그때 내 나이 서른 살.

충동적인 가출은 꿈속 일인 양, 첫차를 타고 집에 돌아오니 오후 한 시가 넘었다.

아이들 때문에 출근도 못 한 남편이 작은애를 등에 업어 재우고 있었고, 큰아이는 나를 본체만체 소꿉놀이에 여념이 없었다. 마치 나만 혼자 무서운 꿈속에 갔다 온 듯했다.

나의 현실, 나의 집으로 무사히 돌아왔다는 안도감이 밀려들었다.

시간이 한참 흐른 후에야 남편이 말한다.

"이 사람아! 자는 애들 두고 나가는 독한 엄마가 어딨어?"

;가끔은 너에게도 소독차 연기가 필요한 거야

남들 눈에 비친 내 모습은 언제나 좋은 사람, 착한 아이였다. 그런데 난 사실 그 부분에서 좀 자유롭고 싶었다. 어린 시절 착한 아이에서 벗어나고자 발버둥 칠 때마다 어른들은 말했다.

"넌 참 착하지."
"너는 저런 애들이랑 다르잖니."

어른들은 잣대로 줄을 그어 나를 옭아맸다.

뭐가 남들이랑 달라? 나도 똑같은 사람인데…… 그러나 착한 아이였던 나는 그 말을 차마 입 밖에 내지 못했다.

결혼하자 시어머니는 항상 말씀하셨다.
"네가 이렇게 하면 형님이 좋아할 텐데."
"네가 저렇게 하면 시숙이 더 예뻐할 텐데."

그러던 어느 날, 나는 어머니에게 처음으로 덤벼들고 말았다.
"어머니, 저한테 강요하지 마세요. **저 착한 사람 하기 싫어요.**"
평소에 안 하던 반항을 하자 어머니는 깜짝 놀라셨다.

"너에게 이런 모습도 있구나……"

그리고 그 후론 내 눈치를 보며 조심하셨다.

사십 년 가까이 착한 사람 딱지를 달고 살던 나는 '삼십 분의 지랄'로 그것을 가뿐히 떼어버렸다.

내 안에 잠재되어 있는, 나 자신도 모르는 지랄맞은 성격이 있다는 것을 오십 다 되어 알았다. 꼭지 돈다, 야마 돈다, 이런 말은 써본 적도 없는데 그런 생각이 들 때가 있다. 견디고 견디다, 참고 참았다가 폭발되는 **분노감은 태풍이 지나간 자리처럼** 내 마음을 헝클어놓았다.

아니, 내게 이런 면이 있었다니? 스스로도 믿어지지 않았다. 갱년기에 접어드니 성격도 변하나 보다 했는데, 그게 아니라 오십 년간 지니고 있었지만 꼭꼭 숨겨뒀던 성격이 어떤 강한 충격에 더는 견디지 못하고 굉음과 함께 폭발해 나오는 것 같았다.

나름 좋은 사람으로 살아온 나에게 주변에선 더 좋은 사람이 되기를 요구하고, 그 강도는 해가 갈수록 점점 강해져서 나를 짓눌렀다. 압사 지경에 이른 나는 살기 위해 결정적 순간에 보호색을 드러내는 파충류처럼 회오리바람을 일으켰던 것이다.

주변 사람들도 할 말을 잃었고, 나 역시 그 후유증으로 며칠간 안정제를 먹어야 했다. 하지만 나의 새로운 면을 발견할 수 있어서 한편으로는 웃음이 났다. 지금 나에겐 **그 옛날 소독차 연기가 필요하다.**

어린 시절, 해마다 여름이면 소독차가 동네를 돌며 연기를 내뿜었다. 아이들은 와아 소리 지르며 그 연기를 따라 동네를 뛰어다녔다. 그러나 소심한 나는 늘 우물쭈물 구경만 했는데, 어느 날인가 용기를 내어 희뿌연 연기 속으로 뛰어들었다.

아아, 가면을 벗어버리니 이렇게 즐거운 거였구나!

내 앞에 새로운 세상이 열리는 느낌이었다.

나도 망가져볼래!

나는 소독차가 올 때마다 연기 속을 마음껏 쫓아다니며 자유를 만끽했다. 연기 속에서만큼은 어른들이 알고 있는 나의 이미지를 뭉개고 지울 수 있어서 좋았다. 그 안에서 꽥꽥 소리 지르고 화난 표정 짓고 미친 듯이 웃어도 보고 매캐한 소독약 냄새를 핑계 삼아 울어도 보았다. 소독차 연기 안에서 나는 누구도 의식하지 않고 내 본연의 모습들을 마음껏 분출하는 연기파 배우였다.

결국 **너무 오래 소독차를 따라 뛰다가 기절해버리는 바람에** 엄마에게 엄청 혼나긴 했지만, 그 소독차 연기 안에서 느꼈던 해방감은 아직도 잊을 수가 없다.

아이는 울어야 젖을 주고 개도 짖어야 밥 준다고, 약자에겐 자비를 베풀고 강자에겐 적절히 '노!'를 외칠 줄 알아야 사는 게 편하다는 걸 이제야 깨닫는다.

나는 우리 아이들을 키우면서 "착하지!" 이런 칭찬은 한 번도 하지 않았다. 어차피 자기 유리한 쪽으로만 관심을 보이는 게 인간인데, 강요는 하지 말자. 두 얼굴을 가진 이중인격자가 되기 십상이다. 남에게 피해를 주는 망나니짓을 하는 것도 아닌데, 착한 상자에 갇혀 자기를 숨기고 **욕망을 구깃구깃 접고 살게 하진 말아야겠다.**

나의 콤플렉스를 자식들에게만은 절대 물려주고 싶지 않은 게 엄마의 마음인 것이다.

4; 후르츠마마의 육아일기

;엄마는 거짓말쟁이

아이를 키우다 보면 누구나 자기 아이는 천재고 발육이 남다르다고 믿기 마련이다. 늦되는 아이들과 비교하며 우월감을 느끼고 우쭐해하면서 이래저래 착각대장이 된다.

아이가 엎드렸다 기면 너무나 신통하고, 붙잡고 일어서면 당연한 걸 갖고도 애가 운동신경이 탁월한 것 같으니 골프를 시켜야 하나 발레를 시켜야 하나 고민에 빠진다.

큰아이가 기기 시작하면서 연필로 찍 뭘 그어놨다. 엉성하게 낙서해놓은 걸 곰곰이 들여다보며, 요건 개구리인가 비행기인가 세탁기인가 추리를 한 끝에, 임신했을 때 그림도 그리고 퀼트도 했는데 섬세한 손재주를 타고난 듯하니 화가를 시켜야겠다, 혼자 결론을 내린다.

글을 읽기 시작하면 애가 수재가 되려나 보다, 잘 키워야겠다 싶어서 마음이 조급해지고, 돌잡이로 붓을 집자 이게 화가의 운명이라는 뜻인지 학자의 운명이라는 뜻인지 알쏭달쏭, 매일 빈대떡 뒤집듯 생각이 바뀐다.

아이가 말을 배우기 시작하면서 나는 수다쟁이가 되었다. 이야기를 많이 들려줄수록 말도 더 잘한다고 들은 얘긴 있어서 조잘조잘 쉴

새 없이 말을 건넸다.
　외할머니 따라 산책 갔다 온 아이 손에 강아지풀이 한 움큼 들려 있는데, 그 조그만 입으로 "강아지 푸울 강아지 푸울" 한다. 식물박사가 되려나? 웬 풀이름도 이렇게 잘 아는지!

　육아는 힘들지만 매일 새로운 기대를 갖게 해주는 행복한 시간이었다. 세월이 흘러 그 기대가 하나둘씩 잘못된 것으로 밝혀지더라도, **그 착각의 시간들은 나를 '희망'이라는 이름으로 살아내게 했다.**
　무궁화 꽃을 보면서 "무궁화 무궁화 우리나라 꽃" 노래하는 아이를 바라보는 젊은 엄마의 잔잔한 행복.
　오직 그 시절에만 느낄 수 있는 행복이란 게 있다.
　아이들이 다 자라 의견이 갈릴지라도, 기대에 못 미쳐 서운할 때에도, 그때 나에게 준 행복의 크기가 얼마나 커다랬던지 떠올리고 나면 섭섭했던 마음도 싹 가신다. 아이가 네 살까지 피운 재롱만으로도 본전을 뽑고 남았으니까!

꽃 중의 꽃

길 가다가 아기가 보이면 어머님은 얼른 다가가 말씀하셨다.
"아유, 예뻐라! 엄마 닮아 예쁘냐? 아빠 닮아 잘생겼냐?"
그리고 전봇대처럼 멀뚱멀뚱 서 있는 내 옆구리를 쿡 찌르며 속삭이셨다.
"예쁘다 해라."
그럼 난 대답은 안 하고 속으로 '하나도 안 예쁜데요?' 했다.
"애 엄마 앞에서는 자기 애 예쁘다고 해줘야 기분 좋지."
말씀하시는 어머님이 너무 오버하시는 것 같아 우습기만 했다.
시간이 많이 흘러 내가 어머님 나이가 되어보니 길 가는 아기들이 모두 다 예뻐 보이네. 어머님이 오버한 게 아니었다는 걸 삼십 년이나 지나서 알게 되었다.
"꽃 중의 꽃은 사람 꽃이라고, 이게 예쁘니 저게 예쁘니 해도 사람 꽃이 최고니라."
나를 업고 토닥거리며 중얼거리던 내 할머니 모습이 떠오른다.

;고구마 귀신

"아줌마, 우리 엄마가 지혜 집에 가서 고구마 먹으랬어요."
 딸아이의 말에 모여 있던 아주머니들이 다 웃었다.
"너희 엄마 코는 개코라니?"
"십 층에서 십일 층까지 고구마 냄새가 났나?"
 아래층 지혜네 집 전자레인지에서 고구마가 익고 있었는데, 우리 집 세 살짜리 꼬마 계집애가 고구마 냄새를 맡았던 거다. 다짜고짜 그 집으로 내려가서 고구마 달라는 소리를 그렇게 했나 보다.
 그날 동네 아주머니들 서넛이 모인 고구마 파티에는 김치 대신 능청스러운 장은이가 식탁 위에 올랐다.
 며칠 뒤 아주머니들이 다시 모인 자리에서 모두 한마디씩 한다.
"집의 딸이 보통 아니데. 여간내기가 아니야. 머지않아 엄마 머리 꼭대기에 앉겠는걸."
 나이에 안 맞게 영악한 딸을 둔 덕에 내가 관심을 한 몸에 받았다. 머쓱하게 웃었지만, 우리 딸 어딜 가도 굶지는 않겠네. 나보다 낫구나 싶어 내심 흐뭇했다.

;산타 할머니

동네에서 서너 살 아이들을 모아 집으로 선생님을 모셔서 공부도 가르치고 놀이도 했는데, 날로 새로워지는 아이를 보면 번거로운 줄도 모르고 기분이 좋았다. 가르치는 대로 스펀지처럼 빨아들이고 한글도 제법 쓰고 숫자도 읽고 어른들이 하는 말을 앵무새처럼 따라하는 것이 너무나 신기하고 재미났다.

그 해가 끝날 무렵 책거리 한다고 엄마들이 요리를 하나씩 만들어서 집으로 모였다. 아이들을 위한 산타 할아버지도 준비했다.

파티가 시작되고 드디어 산타 할아버지의 등장.

아이들은 흥분하여 뛰고 소리 지르고 난리법석을 피우는데, 그 와중에 장은이는 눈을 이리저리 굴리며 **할아버지 차림새만 유심히 살필 뿐** 선물에는 관심을 보이지 않았다.

파티가 끝나고 모두 집으로 돌아간 후, 장은이가 다가와 묻는다.

"엄마, 산타 할머니도 있어?"

"장은아, 왜 그런 말을 할까?"

"아까 내가 자세히 봤는데, **산타가 손톱에 하얀 매니큐어 발랐어.**"

"산타 할아버지도 매니큐어 바를 수 있지 뭘."

"아니야, 아니야. 산타 할머니였어."

그 자리에서 입이 얼마나 간질거렸을까? 또래 친구들이 "산타 할아버지, 선물 고맙습니다!" 인사할 때 입 꾹 다물고 있던 아이 모습이 그제야 이해됐다.

구렁이 담 넘어가듯 슬며시 모른 척 넘어가는 것이, 어느새 나도 우리 엄마를 닮아가고 있었다. 호기심 가득한 눈빛에 의문투성이인 딸에게 콕 짚어서 설명해주지 못하고, 밤에 재워놓고는 조그맣게 말했다.

"어른들의 세계를 너희가 어찌 다 알겠니. 모르는 게 좋을 때도 있는 거야."

나도 꿈이 현실 같고 현실이 꿈 같던 유년 시절을 한참 넘긴 후에야 산타 할아버지는 굴뚝 타고 들어오는 게 아니라는 걸 알았으니까.

아들을 낳았으나, 아이 힘들어

남편이 해외근무를 마치고 귀국하기 석 달 전이었다. 당시 임신 칠 개월이던 나는 초음파를 했는데, 의사 선생님이 활짝 웃으시며 말씀하셨다.

"축하합니다. 파란 옷 준비하세요."

시아버님 추도식 날 친척들이 다 모였는데, 딸만 낳은 형님 눈치가 보여 좋은 내색을 감추고 어머님께만 살짝 말씀드렸더니, 어머님은 너무나 기쁘셨던지 단 일 초의 망설임도 없이 그 자리에서 바로 공개를 해버리셨다.

"나도 석 달 후면 아들 손자 보게 된다!"

둘째를 갖고 불룩한 배를 한 번도 못 보여주고 아이 낳아 집에 와서 첫 미역국 먹고 있으니 남편이 딩동 하고 들어온다.

이제 우리 네 식구가 다 함께 사는 완벽한 그림이 그려졌다.

그러나 감동도 잠시뿐.

백 일도 채 지나지 않은 아이가 보행기에 앉아 이리저리 밀고 다니며 오만가지 살림살이를 다 부순다. 사내아이 키우기가 어찌나 힘든

지, 딸 키울 때랑 너무 달랐다. 유모차에 태워 슈퍼마켓에 가면 눈 깜짝할 새에 세제가 줄줄 흐르고, 유리그릇이 깨지고, 과자 더미가 무너져내리고. 장보러 갔다가 장바구니에 넣어 오는 것보다 변상해주는 돈이 더 많았다.

하루는 순식간에 아이가 없어졌다. 유치원 다녀와 방금 전까지 집 안에서 놀고 있던 애가 사라진 거다.

"낙엽 주우러 갈 거야."

스쳐가는 소리로 몇 번이나 말하더니 혹시?

아파트 풀밭마다 찾아다녀봤지만 허사였다. 눈앞이 캄캄하고 눈물이 하염없이 났다. 경찰에도 신고하고, 아파트 관리실에서 미아 방송도 했다.

"아이를 찾습니다. 곱슬머리에 쌍꺼풀이 진한 큰 눈을 가진 네 살 사내아이를 찾습니다. 수박 무늬 티셔츠에 파란 반바지를 입고 있는 남자 어린이를 보신 분은 가동 1102호로 연락 주세요."

아파트 여자들이 어느 칠칠치 못한 여자가 저리 자주 애를 잃어버릴까 했단다.

유치원 셔틀버스 코스를 따라 울며불며 돌아다니는데, 길 건너 풀밭에 낙엽이 가득 담긴 커다란 쇼핑봉투를 옆에 놓고 포플러 잎사귀를 뱅뱅 돌리며 앉아 있는 아이 뒷모습이 우리 애 아닌가?

"예쁜 거 많이 주워서 엄마 갖다 주려고 했지."

애들은 헛말을 안 한다. 언제 어디로 뛸지 모르지만, 그래도 제 말에 책임은 진다.

보육원 출신 우리 아들

아들 상연이가 세 살 되던 겨울이었다. 아이를 데리고 노량진에 있는 성로원 아기집에 갔다. 아기들 우유도 먹이고 기저귀도 갈아주는데, 나도 모르게 눈물이 뚝뚝 떨어졌다. 내 아이들 따뜻하게 예쁘게 키우며 행복해하는 동안 이런 아이들도 있었구나 생각하니, 애 키우는 어미로서 싸하게 아픔이 밀려왔다.

생후 팔 개월 된 아기가 어찌나 나를 따르던지. 우유를 먹이면 새까만 눈을 맞추고 방긋방긋 웃는 모습이 참 예뻤다. 실내 공기가 탁해 아기를 안고 문을 여는데 갑자기 아이가 자지러지듯 울기 시작했다.

원장 선생님이 말씀하셨다.

"배꼽 떨어지기도 전에 문 앞에 버려졌는데, 이 문 나서면 또 버려지는 줄 알고 그래요."

몇 시간 잘 따르더니 갈 때는 눈길도 안 준다.

이별에도 익숙해져 있던 너무 조그만 아기.

보육원을 나와 버스 정류장으로 걸어가고 있는데, 상연이가 갑자기 되돌아갔다. 그러곤 제 바지 주머니에 들어 있던 공, 장난감, 블록을 꺼내 모두 아기 머리맡에 두고 오는 것이 아닌가. 세 살 꼬마가 보기에도 제 처지가 나았나 보다.

그 후로 아들이 클 때까지 보육원으로 양로원으로 참 많이 다녔다. 보육원 갈 때는 상연이에게 미리 주의를 주었다.

"오늘 가는 곳은 엄마 아빠 없는 아이들이 사는 곳이니, 가서 엄마 졸졸 따라다니지 말고 자연스럽게 아이들과 놀다가 버스에 타야 해."

얼마 후 교회에 전시된 봉사활동 단체사진을 보시던 어느 분이 말씀하셨다.

"요즘은 보육원 애들도 다 번듯하고 깨끗해. 특히 이 남자애."

그분이 가리킨 아이는 상연이였다. 나는 암말도 안 하고 잠자코 있었다.

그렇게 자란 우리 아이는 인정이 많고 불쌍한 사람을 보면 그냥 못 지나치는 휴머니스트가 되었다.

학교 갔다 집에 올 때가 지났는데 언제나 제 시간에 들어올 줄을 모른다. 학원 시간 놓치게 생겼다. 큰일 났네. 기다리는 나는 속이 부글부글 끓는다. 현관으로 들어서는 아이에게 소리친다.

"이 녀석! 왜 이제야 오는 거야?"

"지하철역 계단에 할아버지가 술에 취해 자고 있어서…… 주머니 뒤져 수첩 찾아 집에 전화해주고, 집에서 찾으러 올 때까지 기다려줬어."

착하고 선량한 아들의 눈을 보니 대견스럽기도 하지만 공부는 늘 뒷전이라 내 마음엔 불안의 그림자가 드리워졌다.

;울고 넘던 명동길

우리 집 앞에서 좌석버스를 타고 명동에서 내려 명동성당 언덕길을 오르다 보면 백병원이 있다. 아이 둘을 키우니 병원을 제 집 드나들듯 했고, 자연스럽게 그 언덕길을 많이 오르내리게 되었다. 혹시라도 아이 잃어버릴까봐 손 꼭 잡고 넘던 명동 고개.

손 잘 잡고 병원까지 갔는데 상연이가 없어졌다.

피검사를 하는데 인턴 선생님이 혈관을 잘못 찾았는지 한 번 찌르고는 또 하잔다. 어휴, 어떻게 꼬드겨서 여기까지 왔는데…… 울고불고 펄펄 뛰는 아이를 겨우 달래 진정시키고 다시 시도했으나 인턴 선생, 또 잘못 찌르셨네!

눈이 뒤집힌 아이가 이성을 잃고 병원에서 도망을 쳤다. 나도 눈이 뒤집혀 아이를 찾아 헤맸는데, 이 자식, 명동성당 풀밭에 앉아 해맑게 아는 척을 한다.

어찌나 화가 나던지!

돈 천 원을 손에 쥐어주며 매몰차게 말했다.

"너 알아서 버스 타고 가든지 말든지 해!"

화가 나서 혼내주려고 한 말이었지만 걱정이 되어 항상 다니던 길을 따라 아이 뒤를 쫓았는데, 어느새 아이가 안 보였다.

하지만 한두 번 와본 곳도 아니고, 내린 곳에서 다시 좌석버스를 타면 집까지 가니 별 문제 없을 것이라 생각했다.

황급히 집으로 돌아왔는데…… 아이가 안 와 있다.

눈앞이 캄캄했다. 쓰러질 것 같았다. 어찌할 바를 모르고 친정으로 전화했더니, 엄마는 기절초풍하면서 역정을 내셨다.

"너 돌았니? 양가에 하나밖에 없는 아들을 제 손으로 버리고 들어와? 이제 무슨 낯으로 조씨 집에서 살겠냐?"

'내가 아이에게 무슨 짓을 한 거지?'

별의별 생각이 다 들었다.

망연자실 주저앉아 있다가, 혹시나 하는 마음으로 5층에 사는 친구네 집에 가봤다.

아이는 너무나 태평하게 그 집에서 놀고 있었다.

"상연아!"

아이를 덥석 안으며 물었다.

"어떻게 된 거야? 뭐 타고 왔어? 엄마가 버스 타는 데로 금방 따라갔는데!"

"지하철."

"뭐라고?"

"아빠랑 명동칼국수 먹으러 갈 때 지하철 타봤어."

상연이 나이가 그때 일곱 살이었다.

"초콜릿 사고 남은 돈 오백오십 원 거지 아저씨 주고, 지하철 공짜로 타고 동작역에서 내려 집까지 걸어왔더니 엄마가 없더라고. 그래서 올 때까지 얘네 집에서 기다리고 있었어."

미친 엄마와는 달리 아무 일 없었단 듯 즐겁게 놀고 있는 아이를 보며 문득 우리가 필요 이상으로 겁을 내고 사는 것은 아닐까 하는 생각이 들었다.

어찌 되었든 일곱 살 아이를 명동 한복판에 버리고 온 것은 명백한 나의 잘못이었다.

집에 와서 병원에서 도망친 이유를 찬찬히 물었더니, 아이 대답이 가관이다.

"믿을 수가 있어야지. 주사도 제대로 못 놓는 엉터리 의사 아저씨, 흥!"

;개구쟁이

"저 여자가 상연이 엄마래!"

"상연이 엄마? 개구쟁이 키우느라 힘들겠다."

올챙이 엄마들이 개구리 유치원에서 재잘대는 모습을 목격했다. 우리 할머니가 그러셨다. 아들 가진 어미는 흉보는 여편네들 입살에 치마 밑이 들썩거린다고. 그렇게 점잖은 우리 외삼촌도 어릴 때는 엄청 개구져서 주위에서 제일 많이 들은 말이 "중근 어머니, 중근이 좀 보소, 중근이 보소"였단다.

주눅이 들어 어깨가 축 늘어지려는 찰나 어느 노신사께서 말씀하셨다.

"괜찮아요. 저이들은 아들을 안 키워봐서 그런 게지. 아들 얻은 대가는 절대 싸게 치르는 게 아니라오. 크면서 나아질 거요. 신경 쓰지 말고 흘려들어요."

그렇게 요란한 유아기를 보낸 상연이가 일곱 살 들면서부턴 집에 있는 듯 없는 듯 책에 빠져 살기 시작했다. 초등학교 입학하고 국어 시험지를 들고 씩씩거리며 집으로 들어온 아이.

"엄마! 내가 백 점 맞아야 되는데 구십오 점이래!"

가을 하늘은?

높고 (맑은) 하늘 (×)

높고 (파란) 하늘 (○)

교과서에 적힌 대로 쓰지 않아서 오답이란다.

그 후로도 이런 일은 아주 많았다.

상연이가 교과서대로 사는 아이가 아니라는 것을 받아들이기까지는 시간이 걸렸지만, 나는 채근하지 않고 기다려주었다. 상연이는 갈수록 성적표는 별로였지만 생활은 누구보다 바르고 건강한 아이로 자라나고 있었다.

상장

"교내 백일장에서 상 탔어!"

학교 갔다 돌아온 딸아이가 의기양양 신나서 냉장고에 상장을 붙여놓았다. 장은이의 상장으로 도배된 냉장고를 보니 좋아만 하기엔 마음이 편치 않았다. 저 중에 상연이 것이 한 장만 있었어도……

딸아이가 학교 가고 없을 때 다 떼어 파일에 끼워 서랍 속에 넣어두었다.

"어? 내 상장 다 어디 갔어?"

"장은아, 엄마는 장은이가 상 많이 받아서 너무 기쁘고 좋은데, 그래도 상연이가 상을 타면 같이 붙이자."

한 학년 끝나는 날.

상연이가 냉장고에 보란 듯이 상장을 갖다 딱 붙인다.

"엄마, 나도 상 탔어!"

일 년 개근상.

손바닥에 불나게 박수를 쳐주었다.

우리 아들 참 잘했어요!

엉성한 엄마

아이들 키우면서 나는 꽤 그럴싸한 엄마 모양새를 갖추었다고 생각했는데, 장은이가 기억하는 엄마는 구멍 난 스타킹처럼 엉성한 데가 있었다고 한다.

장은이는 유난히 기억력이 좋았다. 다섯 살도 안 되었을 때 엄마가 설탕과자 뽑기 한 것을 주면서 하나 더 받아 오랬단다. 쪽팔렸는데 엄마가 시켜서 마지못해 갔다나. 길 가다 발견한 뽑기를 보고 반가운 마음에 옛날 실력을 유감없이 발휘해본 거였는데……

둘째를 낳고 키우느라 정신없었을 때는 **다섯 살짜리 아이에게 슈퍼에 가서 우유 사오라고 심부름도 시키곤 했다.**

장은이가 초등학교 갓 들어가고 상연이는 유치원에 다닐 때였다. 하필이면 집 도배하는 날 서초구청장배 수영대회가 열렸는데, 우리 애들이 참가하기로 했단다.

"장은아! 엄마 대신 상연이 데리고 갔다 와."

땀을 **삐질삐질** 흘리며 기진맥진 **꾀죄죄한** 모습으로 돌아온 장은이와 좋은 성적을 받아 우쭐거리는 상연이가 동시에 눈에 들어왔다.

"출발 총이 울렸는데, 상연이가 딴짓하고 발장구치고 장난하고 있잖아. 그래서 상연아 출발해, 목이 터져라 소리쳤더니 그제야 물속에 첨벙했어. 출발 신호 잘 들었으면 일등 했을 텐데 속상해 죽겠네. 그래도 등수에 든 게 신기하긴 해. 내 동생이 워낙 물개니깐, 히히."

마음이 짠했다.

우리 엄마가 내게 범했던 우를 어느새 나도 내 자식에게 반복하고 있었던 것이다. 큰딸을 엄청 큰 애로 착각하기, 딸을 비서로 생각하고 부려먹기.

나는 우리 딸이 곁에 있어서 든든하고 행복하다. 올해 여든일곱이신 우리 엄마도 내 목소리만 들어도 행복하고 든든하단다. 딸 가진 엄마들은 다 안다. 딸이 있어 내 삶이 더 풍요롭다는 것을.

그런데 이 땅의 엄마들은 딸에게 뭔 요구사항이 그리도 많은지…… 마치 딸이 엄마라도 되는 것처럼!

；양가죽으로 부탁해

몇 해 전 청소기를 돌리다 문턱에 발을 부딪쳐 퍽 주저앉았다.

남편은 엄살떤다고 쳐다도 안 보고 "좀 있음 괜찮아져" 했지만 나는 눈앞이 하얗고 정신이 아득한 게 일이 벌어져도 크게 벌어졌구나 싶었다.

밤새 잠도 못 자고 끙끙 앓다가 일어나자마자 병원에 가 엑스레이를 찍으니 오른쪽 넷째 발가락뼈가 부러졌다고 했다. 이쑤시개만 한 뼈가 부러졌는데 깁스를 두 달이나 해서 작은 뼈를 겨우 붙여놨다.

뼈가 붙은 건 다행이었는데, 문제는 이제 멋지고 예쁜 뾰족구두는 그림의 떡이 되었다는 것이다. 아끼느라 좋은 날만 신던 이태리제 구두는 신발장에 박제되어버렸고, '여포 신발'(여자이길 포기한 신발) 사스SAS가 내 발의 주인이 되어버렸다.

"엄마, 요즘 너무 구려. 내가 샌들 사줄게."

내 신발을 보다 못한 딸내미가 마침내 선언했다.

"너 돈 있어? 나 완전 부드러운 양가죽밖에 못 신는데."

못 이기는 척 백화점에 따라갔더니, 아름다운 구두가 줄지어 진열되어 있다. 정신줄을 놓은 사람처럼 이것저것 들어보고 만져보고……

그러나 그중 어떤 것도 신어볼 수는 없었다.

"이것도 예뻐!"

"저것도 예뻐!"

외치면서 우울한 마음으로 컴포터블 슈즈 코너로 갔다.

딸이 추천해주는 대로 이것저것 신어보다 발가락이 불편하지 않으면서도 예쁜 검정색 양가죽 샌들을 발견했다. 맵시도 나고 편한 신발을 찾다니, 정말이지 몇 년 만의 행운이었다. 게다가 우리 딸이 사준 신발이니 **나를 좋은 데로 데려다줄 것만 같았다.**

그래, 뾰족구두는 못 신게 됐어도 앞으론 신발에 신경 좀 써줘야겠다. 여포 신발, 안녕!

집에 가서 신을 신고 아들에게 자랑했다.

"누나가 이거 사줬는데 너무 편해. 새것 신었는데도 발이 하나도 안 아파. 상연아, 엄마 발엔 온리only 양가죽, 기억해줘. 꼭 사달라는 건 아니고. 이거 참 좋네. 흐흐."

울 엄마가 그랬던 것처럼 **나도 참 염치없고 웃기는 엄마가 되어 간다.**

유행을 몰라서

나의 학창 시절, 당시엔 복장검사 손톱검사 가방검사 등등 웬 검사가 그리 많았는지. 그중에서도 나는 학생 복장의 대가, 우리 학교 샘플, 일명 '마네킹 인간'이었다.

깔끔한 교복 착용, 단정하게 땋은 머리, 하얀 운동화를 신은 나는 월요일마다 교장선생님을 따라 교실 투어를 다녔다.

"여러분, 이 학생처럼 하고 다니세요."

교장선생님이 뭐라고 하건 나름대로 최선을 다해 멋을 부린 여학생들은 답답해 보이는 나를 가소롭다는 듯 흘끔거리며 수군댔다.

"마네킹 인간이 뭐냐?"

"개성시대도 모르나 봐."

대학에 들어가서였다.

교정에서 같은 과 친구가 앞서 걸어가고 있는 걸 보았다. 그런데 뭐가 급했는지 친구 바짓단이 한쪽만 접혀 있었다. 나는 잠시 고민하다가 뒤따라가 말을 건넸다.

"얘, 너 청바지가 한쪽만 접혀 있다. 내려야겠어."

"응, 아냐. 원래 이렇게 입는 게 멋이야."

단정해야 한다는 고정관념 때문에 가끔 이렇게 멋쩍어지는 상황이 생겼다.

나는 버스를 타고 학교에 다녔는데, 내가 탄 다음 정류장에서 의상학과 다니는 예쁜 친구가 탔다. 그런데 그 친구 양말이 번번이 짝짝이었다.

한쪽은 빨강, 한쪽은 노랑.

어느 날은 한쪽은 보라, 한쪽은 연두.

'아침마다 너무 급히 나오느라 양말짝도 제대로 못 찾아 신나 보다.' 속으로 엄청 안쓰럽게 생각했다. 몇 해 뒤, 『논노』라는 일본 잡지를 보니 모델들이 양말을 그렇게 신고 있었다. 유행의 최첨단을 걷던 그 친구에게 네 양말 짝짝이라고 말하지 않은 게 참말 다행이다 싶었다.

아들이 중학생일 때 용산 전자상가에 컴퓨터를 보러 갔다. 그런데 아들이 컴퓨터는 뒷전이고 라이터 같은 것에만 자꾸 눈길을 주었다. 심히 마음이 불편해졌다.

쬐그만 게 웬 라이터? 요즘은 중학생도 담배 피우나?

담배는 아직 안 피우는 것 같은데……

나중에 알고 보니 그것은 라이터가 아니라 MP3였다. 웃음이 나온다. MP3가 뭔지도 모르고 라이터 가게를 빨리 벗어나고자 아들 손을 억지로 잡아끌던 내 모습.

앞만 보고 달려오다 옆에 좋은 게 뭐가 있는지 몰랐다.

유행을 몰라서 죄송합니데이.

사윗감도 ; 쇼핑하고 싶어요

딸아이와 쇼핑하는 걸 좋아한다.

발품 팔아 실컷 구경하고 아이쇼핑 하다, 마음에 들면 너무 비싸지 않은 걸로 하나 사기도 한다. 그러나 대개는 망설이다 그냥 와선 살걸 그랬나, 후회가 들어 누워서도 머릿속에 빙글빙글 그 생각뿐. 며칠 있다 가보면, 내 눈에 괜찮으면 남의 눈에도 괜찮은지 그 자리에 없다.

나는 쇼핑에 있어서도 인생에 있어서도 '기회 포착형'이 아니라 '놓치고 후회형' 인간이다. 살면서 아차 싶을 때가 참 많다. 차 떠나고 손 흔드는 사람처럼 아쉬워한다.

진작 살걸……

쇼핑 얘기를 하다 보니 불현듯 드는 생각.

사윗감 고르는 재미를 물건 사는 것과 비교할 건 아니겠지만, 이리저리 머리를 굴리며 아이쇼핑을 한다. 인간 백화점을 층층이 돌아다니며 맘에 드는 것 있나 보고, 내 주머니 사정과 맞춰보기도 하고. 혼자 상상해보는 것만으로도 설레고 흥이 난다.

그런데 딸은 내가 속내를 비치기만 하면 퉁명스럽게 쏘아붙인다.

"나 잘난 것 하나도 없으니 눈높이 너무 올리지 마."

딸이 이렇게 자신을 평가절하하고 있다니!

어쩐지 수상쩍다.

맘에 둔 사람이 있나?

내 맘에 든다고 네 맘에 꼭 드는 건 아니지만, 내 눈에 들면 네 눈에도 들 텐데. 혼자 속으로만 고민하며 섭섭해한다.

하긴 내가 가질 건가? 네가 가질 거지.

그런데 내가 왜 이러고 있대?

그래도 아쉽다. 나도 고르고 싶다!

이루지 못한 나의 꿈을

미술을 좋아하는 딸이 최고의 교육을 받게 하고 싶은 마음에 예원학교를 준비하며 온 힘을 기울였다. 아직은 의지가 약한 초등학생에게 잔인하리만큼 뺑뺑이를 돌렸다. 가끔 미안한 생각도 들었지만 아이가 혼자 설 때까지 엄마의 희생과 헌신이 반드시 필요하다고 생각했고, 적당한 때가 되면 아이를 놓아주겠다고 다짐했다.

'아이가 가야 할 길이라면 이 길을 가게 해주세요. 순탄한 길이든 울퉁불퉁한 길이든 함께 가겠습니다.'

아이 입시 준비하면서 죽을 둥 살 둥 아이에게 올인했다.

무더운 여름날 과외 선생님 밥 챙겨드리고 전철역까지 모셔다드리고 화실에 아이 데려다주고 땀을 뻘뻘 흘리며 주차하는데, 가족처럼 지내던 이웃이 한마디 한다.

"왜 안 되는 일을 하고 그래? 재력가 집안 애들만 가는 학교를 평범한 집에서 보내려고 하니…… 안 되는 일이야."

'안 되는 일이야.'

머릿속에서 그 말이 계속 뱅뱅 맴돌았다.

안 되는 일이라니. 이렇게 애쓸 때 곁에서 수고한다, 잘될 거다, 이렇게 말하면 어디가 덧나나? 오기로 더 열심히 뒷바라지했다.

딸은 초등학교까지 나름 공부를 잘하던 아이였는데, 예원학교엘 가더니 잘하는 아이들 틈에 끼어 중간치가 되었다. 잘하는 아이들만 모아놓은 곳에서 도토리 키 재기니 그럴 수도 있는데, 성적표를 받아 든 나는 그만 "어머나! 이게 뭐니?" 해버렸다.

아이는 그 시간 이후로 말문을 닫고 마음의 문을 걸어 잠그고 도시락마저 거부했다.

이 아이의 마음을 어떻게 돌려놓을까?

성적표 받고 느낀 당혹감이 나만 못할까?

가진 거라곤 자존심뿐인 아이의 아킬레스건을 건드려버렸으니. 미안한 생각이 들었고, 그제야 시간을 두고 기다려야겠다는 생각이 들었다.

감수성 예민한 소녀의 상처에 끓는 기름을 부은 못난 엄마를 용서해주길 바라는 마음을 담아 다음 날 조그만 하트 모양 돌을 주워 '사랑해'라고 적어 도시락과 함께 손에 쥐어주었다.

고2 때 아이가 말했다.

"엄마, 나 전공 바꿀까? 그림 말고 딴 걸로."

"장은아, 네가 중학생이면 생각해보겠다. 그건 버스 탄 거니까 내릴 수도 있지. 근데 넌 지금 이미 비행기 탔어. 종착점까지 내릴 수가 없어."

공든 탑이 와르르 무너질까 걱정이 하늘을 찔렀다. 아이가 원하는 길이라고 생각해서 끌어주고 밀어주며 여기까지 왔는데, 입시 준비 하면서 너무 지친 것일까?

　엄마 욕심에 그만두지 못하게 한 것을 아이는 원망했을지도 모른다. 그런데 나는 아이가 공부하느라 힘든 이 순간만 버텨주면 평생 그림 그리면서 행복해할 것 같아 다독여가며 계속 미술을 시켰다.

　이제서야 딸이 말한다.

　그때 엄마가 계속 밀어붙여주어서 다행이고 고맙다고.

　휴…… 그래 다행이다.

　나도 고맙다.

부모의 조건적 사랑

"행내야, 놀다 가자. 맛난 것 사줄게."

"안 돼. 아버지 오시기 전에 들어가야 돼."

"흥, 넌 네 아버지 로봇이냐?"

그랬다. 나는 아버지 맘에 들어야 했고, 그래서 아버지 싫어하시는 건 아예 안 하고 언제나 아버지가 시키는 대로 살았다. 아버지에게 귀염 받고 아버지 기대에 어긋나지 않는 딸 노릇을 하는 것은 참 쉬웠다. 나는 아버지를 존경했고, 최고로 훌륭하신 분으로 알았고, 그러니 절대 복종해야 한다고 프로그래밍되어 있었다.

나 역시 아버지에게 세상없는 딸이었는데, 재수를 하게 되었다.

아버지는 자신의 눈에 착하고 똑똑한 딸이 그저 모든 길을 스트레이트로 달려갈 줄 아셨다. 하지만 원숭이도 재주넘다 떨어질 때가 있다는 걸 조련사인 아버지는 이해하기 힘드셨던 것 같다. 항상 아버지에게 **기쁨만 주던 딸이 실망을 안겨드렸을 때**, 낙담하던 아버지의 모습이 유독 잊히지 않는다.

어쩌면 자격지심에 나 스스로 그리 느꼈을 수도 있지만, 그래도 그때 나는 알았다.

엄마의 로봇

부모와 자식의 사랑이 결코 무조건적인 사랑은 아님을. 아무리 부모 자식이라도 좋은 거래가 성사될 때 더 좋은 관계를 유지한다는 것을 깨닫고 참 씁쓸했다.

'아버지, 두고 보세요. 일 년 뒤에 당신의 기대에 꼭 맞는 딸을 보게 되실 거예요!'

내가 부모가 되어 보니, 나 역시 다르지 않다.

편애하면 안 된다는 교과서적 부모 사랑을 머리로는 알고 있지만, 솔직히 말 잘 듣고 공부 잘하는 자식이 좋긴 좋더라.

그걸 표내지 않으려고 노력하는 게 부모 된 도리라고 생각하며 애쓸 따름이다.

IMF보다 겁나는 자식 혼사

"이혼하지 않을 배우자와 결혼하라. 학벌, 집안, 외모, 직장은 부수적인 것이고, 사람 됨됨이 그리고 몸과 마음의 건강을 우선으로 취하라. 그러면 행복한 삶을 가꿔나갈 수 있다."

정진석 추기경께서 하신 말씀이다.

나도 추기경님처럼 우리 딸에게 그저 '이혼 안 할 남자'를 데려오라고 자신 있게 말할 수 있으면 좋겠다. 사실 나는 용감하고 싶다. 자유롭고 유연한 사고를 갖고 싶다. 남 의식하지 않고 소신껏 살고 싶다. 그런데 딸아이의 배우자만큼은 어느 한 부분도 양보하고 싶지 않으니, 내가 참 이기적이다.

아이가 말하기를, 엄마는 늘 윤리 교과서 같은 소리를 했단다. 네 배우자는 선량하고 좋은 심성을 가진 사람이면 좋겠고, 종교가 같았으면 좋겠다고. 그래서 그런 사람을 만났단다. 한데 엄마는 거기에다 플러스 알파를 요구했다. 그러자 딸이 버럭 화를 낸다.

"그러게 첨부터 콕 짚어서 얘기를 하지. 조건이 좋아야 된다고, 학벌이 좋아야 한다고, 집안도 좋아야 한다고!"

이러다가 엄마 때문에 딸내미 올드미스 되겠네.

스필버그 엄마처럼

"여기서 가장 큰 사람은 나의 어머니입니다."

스필버그 감독이 여럿이 찍은 사진 속에서 가장 왜소하고 나이 든 백발 할머니를 가리키며 자랑스럽게 이야기한다.

스필버그의 어린 시절, 만날 학교 수업 빼먹고 카메라를 메고 자유롭게 돌아다녔을 때, 그의 아버지는 공부에 뜻이 없는 아들에게 분노하며 자식으로 여기지도 않았다고 한다. 그래서 그의 어머니는 아버지의 눈총을 피해 아들의 뒤를 봐줘야 했다.

"네가 잘할 수 있고 자신 있는 일이라면 **기죽지 말고 맘껏 꿈을 펼쳐라.** 세상은 준비된 자의 것이다."

쿨하게 자식을 믿어주고, 팔십이 넘은 지금도 뉴욕에서 대형 레스토랑을 운영하는 스필버그 엄마를 보며 나도 그렇게 늙고 싶었다. 나도 내가 가장 잘할 수 있는 것을 하며 노후를 심심치 않게 즐기고 싶다.

"장은아! 난 돈방석에 앉는다 해도 일을 하고 싶을 것 같아. 사람이 하는 일 없이 놀고먹는 것도 하루 이틀이지, 노는 것도 평생 하면 지겨울 거야."

그랬더니 딸내미가 핀잔을 준다.

"엄마가 안 놀아봐서 그런 거야. 노는 게 얼마나 재밌는데. 노는 재미 알고 나면 그런 소리 못 할걸?"

하지만 장은아, 스필버그 엄마가 뭐가 부족해서 여태껏 레스토랑 운영하고 있겠니, 파파할머니가.

엄마도 늙어서도 들고 날 곳이 있었으면 좋겠어.

그래야 거울이라도 한 번 더 보고 루주라도 한 번 더 칠하지.

5; 브라보 마이 라이프

돈가스 가게

남편은 중소기업을 운영하며 한때는 업계에서 랭킹 1위를 달린 적도 있고, 국제박람회에 참여하기 위해 파리며 밀라노 등 세계 각지를 누비고 다니기도 했다. 아이들 키우느라 힘도 들었지만 생각해보면 그때가 내 인생에서 가장 속 편하고 우쭐했던 봄날이었다.

회사가 이렇게 잘되니 아들에게 물려주면 되겠군. 아, 나의 아름다운 노후! 이런 상상을 하며 어깨에 힘 팍 들어가서 살았던 날들은 나의 교만이고 착각이었다.

상상치 못했던 IMF가 찾아왔고, 회사 사정이 어려워져 결국 남편은 공들여 키운 회사를 정리해야 했다. 그리고 더불어 내게도 인생 계획표에 그려 넣지도 않았던 시간들이 찾아왔다.

삼십대에 나는 살림하랴, 애 키우며 그림 그리랴, 하루가 스물네 시간인 게 부족할 정도로 많은 일을 하며 열심히 달렸다. 그러나 하루에 서너 시간을 자면서도 기쁘게 견딜 수 있었던 것은 오늘보다 나은 내일이 올 것이라고 믿었기 때문이었다. 그런데 인생이 나에게 거짓말을 했다. 좀더 풍요로운 사십대를 선사할 것처럼 하더니, 전혀 다른 삶이 열렸다.

그림 그리러 다닐 때, 예술의 전당 앞에 있는 '허수아비'라는 일본식 돈가스 집에 자주 가곤 했다. 그곳에서 바삭바삭 맛있는 돈가스를 즐겨먹던 내가 **구반포에 일본식 돈가스 가게를 차리게** 될 줄이야.

장사의 '장'자도 몰랐던 나는 참 힘들었다. 다른 어떤 것보다 남들의 시선 때문에 마음이 아팠다. 지금은 도마에 오를 얘기도 아니지만, 십여 년 전만 해도 주변 사람들은 우리를 놓고 쑥덕거렸다. 고학력도 짐스러웠고, 나름 괜찮은 집 딸로 살아왔던 것과 사장 사모님이었던 것도 이제는 자랑거리가 아니라 떠올리는 게 고통스러운 과거일 뿐이었다.

개업한 가게에 방문한 친척들의 말은 상처에 뿌리는 소금 같았다.

"**니 아버지가 무덤에서 우시겠다.** 어찌 키운 딸인데······"

성경에서 위로한답시고 찾아왔지만 전혀 도움이 안 됐던 욥의 친구들처럼 나의 마음을 쓰라리게 했던 말들. 아무 말 않고 가만히만 있어줘도 고마울 텐데. 이런 상황을 받아들이기 가장 힘든 사람은 나라는 걸 알아채고 사람들이 제발 못 본 척해주길 바랐다.

내가 다니는 교회 목사님은 뉴욕에서 목회를 하시다가 오신 분인데, 참 자상하고 생각이 멋쟁이인 분이셨다.

"집사님 내외분은 십오 년 앞선 사고를 가지신 분들입니다. 남의 **이목에 연연하지 않고 소신껏 사시는 모습이** 정말 보기 좋습니다."

어느 가을, 하루 종일 비가 내리던 날, 앞치마를 입고 분주히 일하고 있는데 바바리코트를 입은 영국 신사 같은 목사님이 내 손에 뭘 쥐어주고 가셨다.

내가 라디오 프로그램 '노래의 날개 위에' 애청자인 걸 아시고는 그 노래들이 수록된 CD를 선물하신 것이다. 그 따뜻한 마음을 잊을 수가 없다.

Hard times, hard times, come again no more.
힘든 시간, 힘든 시간은 다시 오지 않으리.

빗소리와 함께 남자 가수의 목소리가 내 마음을 포근하게 적셔주었다. 살면서 언제라도 힘든 시간은 또 찾아오겠지만 내 마음속에서만은 더 이상 '하드 타임'을 만들지 않겠다고 결심했다.

남편과 함께한 구반포 시대는 이 년 삼 개월 만에 막을 내렸다.

아침에 눈뜬 순간부터 밤에 잠자리에 들 때까지 하루 종일 같이 붙어서 지내다 보니 서로 의견이 맞지 않아 힘들 때가 많았고, 신혼 초 함께 살아내기 위해 노력해야 했던 만큼, 아니, 그보다 더 어렵게 하루하루가 지나갔다.

함께하는 시간 동안 남편은 곰 같은 인내력으로 쑥과 마늘을 먹어냈고, 나는 호랑이처럼 사람 되기를 거부했다.

"하느님, 이 시간이 끝나게 해주세요. 더 이상은 힘들어요. 좋았던 사이까지 나빠지겠어요."

생각해보면 우리가 젊었던 날 해외근무로 떨어져 지낸 이 년 삼 개월의 공백을 돈가스 가게가 에누리 없이 메워주었던 것이다. 등산을 하듯 **오르락내리락, 망망대해에서 배가 뒤집어지지 않게** 풍랑을 헤치고 노를 저으며 애태운 시간들. 희로애락을 함께하며 우리 부부는 어느새 친구가 되어 있었다.

;절교

대학교 1학년 첫 수업 시간.

'어머나! 물감을 안 가져왔네. 어떡하지?'

빌려달라, 같이 쓰자, 이런 말을 하려니 입이 떨어지질 않았다. 거절 안 할 것 같은 아이를 찾아 두리번거리다 다소곳하고 해맑은 표정의 친구를 발견하고 용기를 내어 말을 건넸다.

"물감을 안 가지고 왔는데, 같이 쓸 수 있을까?"

"그래."

흔쾌히 청을 들어준 친구와 자연스럽게 옆에 앉아 그림을 그렸고, 그렇게 대학에서의 첫 친구를 만났다.

우리는 실과 바늘처럼 붙어 다녔고, 혼자인 게 이상하게 느껴질 정도로 늘 함께였다. 한 배에서 나온 형제보다 더한 우정을 나누며 아름다운 학창시절을 보냈다. 나는 학교 졸업장이 자랑스러운 것이 아니라 학교에서 자매 같은 친구를 얻었다는 것이 더 뿌듯했다.

마흔일곱 되던 해, 삼성동에 가게를 오픈하자 친구 내외가 놀러 왔다. 그날따라 온수가 끊기는 바람에 찬물로 컵을 많이 닦아서 손이 얼음장이었다. 오랜만에 만난 친구 남편이 악수를 청한다.

"내 손이 너무 차니 나중에 해요."

친구 남편이 괜찮다며 손을 잡는데, 정말 내 손이 얼음 같고 그쪽은 난로 같았다.

친구 내외가 돌아가고 나서 딸아이가 말했다.

"이모는 따뜻한 남자 만나 참 행복하겠다."

그랬다. 친구의 남편은 심성이 선하고 온유한 사람이었다. 사랑하는 아내의 주변까지도 따스한 시선으로 바라보는 인간미 넘치는 신사였다.

다음 날.

잠도 덜 깬 새벽녘에 요란하게 전화벨이 울렸다.

"나야. 우리 남편이 너 좋아하나봐. 너 고생하는 것 마음 아파 잠도 못 자더라. 친구 남편과 그렇고 그런 거, 텔레비전 드라마에 괜히 나오는 게 아니라 실제 있는 일을 보여주는 거였어. 어제 우리 남편이 네 손 꼭 잡고 있는 걸 보니……"

나는 허벅지를 꼬집어봤다. 이게 꿈인가, 현실인가?

"네 귀한 남편한테 미안하지 않니? 차마 그런 말을 입에 올린다는 게!"

찬물에 컵 닦는 모습을 보여준 것도 모자라 친구에게 그런 오해를 샀다는 사실이 서러워 남편을 붙잡고 얼마나 울었는지 모른다. 네 남편이 장동건이냐, 이병헌이냐. 너에겐 매력남일지 몰라도 난 관심 없거든? 너에게 잘하는 자상한 마음씨가 고맙고 감사했지. 내 친구 아껴주고 사랑하는 모습이 마냥 미더워 보였던 거지.

함석헌 시인의 시구처럼 '죽어 저세상 갈 때 내 가족 부탁한다 말할 친구'라고, 난 너를 그리 생각했건만……

고등학교 갓 입학한 아들 왈.

"엄마 친구, 엄마보다 못생겼나보다. 열등감 있나?"

아이 시각으로 이리저리 가져다 붙이더니 "용서해줘" 한다.

"왜?"

"친구잖아. 친구니까."

대학생 딸아이는 엄마 마음 가는 대로 하란다. 애써 어떻게 하려 하지 말고 천천히……

강물은 대개 고요하고 잔잔하게 흘러가지만 한바탕 비가 내리고 나면 강바닥에 쌓였던 진흙이며 쓰레기가 온통 헤집어져 흙탕물이 된다.

그 일은 잊을 만하면 생각나고 또 생각났다. 서로 잘 어울리는 단짝친구들을 볼 때마다 **난 나의 실패를 인정할 수밖에 없었다.** 사람을 잃은 상실감은 그 어디에서도 보상받을 수 없었고, IMF로 재물을 잃은 것과는 견줄 수 없는 상처를 남겼다.

누구에게도 더는 정 주지 않기로 내 맘을 닫아버렸고, 그 후로 칠 년이 지나도록 그 친구를 보지 않았다.

고씨 아줌마

삼성동에서 음식점을 하던 시절이었다.

직장인을 대상으로 점심을 대접하는 동안 열심히 나를 도와주시던 고씨 아줌마는 **이십여 년 주방일만 하신 프로 중의 프로였다.**

누가 박사님 교수님만 전문가라고 할까? 자신이 처한 환경에서 묵묵히 그리고 재빠르게 일하시던 고씨 아줌마도 이 방면에선 전문가라 하기에 부족함이 없었고, 프로페셔널한 그녀의 모습은 존경스럽기까지 했다.

예상 인원을 초과해 밥이 동이 난 날이었다. 새로 안친 밥이 다 되려면 까마득하고, 초보 사장은 진땀을 뻘뻘 흘리며 애꿎은 밥솥만 자꾸 쳐다보았다. 점심시간은 끝나가고, "미안합니다" "죄송합니다"만 연거푸 내뱉고 있는데, 아주머니가 후딱 나가시더니 머리에 밥을 양푼 한가득 이고 들어오신다.

"사장님. 밥 걱정 마이소."

사태는 수습되었고 급한 불이 꺼졌다. 이웃 식당에서 염치 불구하고 밥을 빌려오시는 그 모습이 어찌나 늠름하던지. 안절부절못하는 내 모습과 너무나 비교되었다.

꾀부리지 않고 부엌에서만큼은 주인의식을 발휘한 성실하고 멋진 아주머니, **체격은 피터 팬 같은데 대범하기는 킹콩 같던** 아주머니는 입도 야물고 손끝도 야물었다.

아이 셋을 남부럽지 않게 키워낸 슈퍼맘의 진가를 어느 곳에서나 발휘하며, 자신의 스테이지에서 없어선 안 될 존재로 자리매김하신 그분을 보면, **예쁨도 귀여움도 다 스스로 만드는** 것이라는 생각이 들었다. 새로운 지식과 조언을 즐겨 받아들이고 매일 열심히 자기 삶을 업그레이드 해나가는 중년 부인의 모습에 나까지 활기찬 에너지를 수혈 받는 것 같았다.

내가 장사를 하면서 익숙지 않은 환경을 감사히 받아들이기까진 아주 긴 시간이 걸렸는데, 아주머니가 씩씩하게 살아가는 모습을 보면서 나약하고 사치스러운 내 마음을 접을 수 있었다.

내가 뭔데?

내가 뭐가 특별한데?

파도치는 바다가 왜 무서워?

그래. 나도 파도타기를 즐겨보자.

튜브라도 하나 끼고 풍덩 뛰어들어보자.

어라? 이것도 스릴 있고 재미있네!

;마린이

어렸을 때 우리 집에서 키우던 '도꾸'는 독일산 셰퍼드였는데, 까만 털이 반들반들하고 얼굴도 잘생겨서 사람으로 치면 얼짱에 식스팩 복근을 가진 몸짱이었다. 쪽지를 넣은 바구니를 물고 시장에 가서 고깃덩어리를 담아가지고 집으로 오던 늠름한 나의 도꾸. 심부름 대장 우리 도꾸는 최고의 개였다.

그런데 어느 날 그 멋쟁이 도꾸를 도둑이 훔쳐갔다. 몇 날 며칠 전봇대며 남의 집 담벼락에 '도꾸를 찾아주세요'라고 쓴 전단지를 붙이고 울며불며 찾아다녔다. '영영 이별'이라는 게 뭔지 어렴풋이 깨달으며 서럽게 울던 열 살의 내 모습이 생각난다.

그리고 **사십 년 만에 우리 집에 여섯 살짜리 슈나우저** 마린이가 왔다. 딸아이의 친한 선배가 출산을 하게 되어 두 달 동안 우리 집에서 지내게 되었다. 처음엔 환경이 바뀌어 그러는지 내숭을 떠는지 잘 먹지도 않고 며칠 오줌도 안 싸더니, 조금 얼굴을 익혔다고 식구들이 식탁에 앉으면 내 무릎에 양발을 올려놓고 서서 뚫어져라 쳐다본다. 사람 먹는 건 다 먹고 싶은가 보다. 너무 귀여워 "마린아, 마린아" 소리가 내 입에서 끊이질 않는다. 집 안 전체에 생기가 돈다.

두 달은 쏜살같이 지나갔다. 그레이 컬러의 털옷을 너무나 우아하게 입고 있는 멋쟁이 강아지. 자존심도 강하고 무엇보다 사람들 앞에서 비굴하지 않아 참 맘에 들었다. 개답지 않게 거만한 매력이랄까. 온 지 며칠 만에 주인인 양 제 집처럼 어슬렁대는 모습이 정말 귀엽고 예뻤다.

요구사항이 있으면 내게 다가와 내 손을 긁어 일으키고, 정해놓은 자리에 볼일을 보거나 손을 주고 나서는 꼭 보상을 바란다. 사각턱 주둥이로 과자가 있는 곳을 가리키며 내놓으라는 사인을 보낸다. 어찌나 영리한지. 가끔 우울하고 심란할 때도 마린이가 내 옆에 길게 드러누워 함께해주면 위안을 얻고 금세 마음이 편해졌다.

갈 날이 다가오자 이미 정이 든 나는 주인이 마린이의 존재를 잊어버리고 안 데리러 왔음 좋겠다고 생각했다.

"마린아, 언니가 찾으러 오더라도 '싫어, 싫어. 난 여기가 더 좋아. 이 엄마랑 같이 살래' 이렇게 얘기해."

이럴 때 강아지가 말을 할 줄 알면 얼마나 좋을까?

하지만 날짜는 야속하게 흘러갔고, 결국 올 것이 왔다.

마린이를 데리러 온단다.

전날 목욕시키고 바리바리 짐을 싸고, 이별이 아쉬워 기념사진도 찍고, 그러면서도 내심 주인에게 다른 사정이 생겨서 안 데리러 왔으면 좋겠다고 계속 생각했다.

"마린아, 아기한테 짖고 못되게 굴면 너를 미워할 테니까 눈치껏 잘해라. 천덕꾸러기 되면 안 돼, 사랑받아야 돼."

처음에 왔을 때 마린이가 짖지를 않아서 벙어리인 줄 알았다. 그런데 저보다 작아 보이는 아이들 앞에서는 겁나게 짖어대는 게 아닌가? 강냉이 이빨까지 드러내며 으르렁으르렁.

심란한 마음으로 마지막 밤을 보내고 주인이 오기를 기다리는데, 이게 웬일? 난리가 났다. 조용하던 마린이가 오랜만에 제 아빠를 보곤 펄펄 뛰고 뒹굴고 급기야 어깨에 폭 안긴다. 평소 성격이 뻣뻣해서 잘 꼬드겨야 한번 안아볼 수 있었는데, 주인이 오니 스스로 안겨버렸다. 여태 뭔가 속고 있었던 듯. 살짝 섭섭해진다.

두 달 동안 잘 보살펴줘서 고맙다는 마린이 아빠에게 나는 마린이 때문에 두 달이 너무 행복했다고 말했다. 나는 마린이가 탄 차가 눈앞에서 보이지 않을 때까지 손을 흔들었다.

마린이가 없는 집은 텅 빈 것만 같았다. 이 방에 있을까? 저 방에 있을까? 이제는 없는 줄 알면서도 방문을 자꾸만 열어보게 된다. 보고 싶고 궁금해하는 나를 위해 딸아이가 화상전화를 걸어주었는데, 제 아빠 곁에 늘어지게 누워 있는 모습이 한없이 편해 보였다.

아, 마린이가 내 생각을 조금이라도 할까? 나는 지금도 네가 보고 싶고, 어두운 밤 집에 돌아와 문을 열면 그 소리 듣고 잠결에 달려나와 바닥에 엉덩이 납작 붙이고 반갑다고 꼬리 흔들며 이런저런 얘기하던 네가 그리워.

내가 아주 많이 나이 들면 마린이 닮은 강아지를 키우자고 했더니, 남편이 '아주 많이 나이 들면'이 언제냐고 묻는다.

그런데 나도 잘 모르겠다.

;아가엄마 돌보기 1

"아이고, 화사하니 새댁 같소!"

"수수한 걸 원해도 꼭 우리 딸이 이리 화려한 걸 사다준다오."

노인정 할머니들 사이에 딸 자랑 배틀이 붙었단다.

꽃분홍 겉옷을 새로 입고 와서 자랑하는 할머니는 내심 좋으면서 점잔을 빼고, 그러면 다른 할머니들이 나서서 노인네는 칙칙한 것 걸치면 추하고 늙어 보인다며, 할머니 딸의 눈썰미를 칭찬한다. 신이 난 할머니는 더욱 기가 살아 자식 자랑에 침이 마르고, 그 사이에서 못내 섭섭해졌다는 큰엄마 얘기를 사촌언니가 대신 한다.

"울 엄니가 집에 와서는, 내사 마 입 꾹 다물고 딸 없는 척해뺏다 안 카드나. 내 참…… 기가 막혀서 웃음만 난다."

사촌언니는 웃으며 얘기하지만 와르르 억장 무너지는 소리가 들리는 듯했다. 그 자리에서 노모를 모시는 딸들의 성토대회가 벌어졌다. 십자가를 등에 지고 골고다 언덕을 오르는 예수님처럼, 중늙은이 딸들은 오늘도 십자가보다 무거운 엄마를 어깨에 지고 뚜벅뚜벅 걸어간다.

큰아버지 제삿날 사촌언니들을 만났다.

"언니야, 아까 큰아버지한테 뭘 소원 빌었나?"

"울 엄마, 오늘 밤에라도 데려가 달라꼬. 날씨도 기가 막히게 화창하고 꽃도 지천에 널렸고, 자는 잠에 데려가뿌소, 아부지! 했다."

"언니, 큰엄마 아직 정정하시잖아. 생에 대한 애착이 엄청 강하시니 큰아버지가 언니 소원 안 들어줄 것 같다."

"이리 살면 뭐하노. 이리 사는 게 사는 기가? 죽은 목숨이지."

"아직 너무 예쁘고 귀여운 큰엄마, 무슨 그런 말씀을 하세요."

"딸년들이 눈치 준다. 그만 내가 갔으면 싶은갑더라."

눈치 9단 큰엄마가 딸들 낌새를 알아차리신 거다. 큰엄마 나이가 올해 아흔넷. 환갑 넘은 큰언니의 고충을 알고도 남겠다.

그래도 난 울 엄마를 이 땅에 풀로 꼭꼭 눌러 붙여두고 싶다. 아직은. 훨훨 날려보낼 마음의 준비는 늘 하고 살아야 한다는데, 맘 졸이게 하고 속은 썩여도 내 곁에 붙들어두고 싶다. 언제까지나, 영원히라도. 짐스럽다고 생각될 때도 많지만, 그래도 사랑하니까.

엄마, 오래오래 예쁘게 내 옆에 있어주세요.

*이 글을 쓰고 꼭 일 년 뒤에 큰엄마는 이 땅에서의 짐을 벗고 훨훨 날아가셨다. 보고 싶은 사람들 다 보고, 사랑하는 가족들이 지켜보는 가운데 평온히 눈을 감으셨다. 큰엄마, 안녕히 가세요.

아가 엄마 돌보기 2

나를 유월 개띠로 낳아줬으니 개 팔자가 상팔자 해가며 같이 놀아드려야 하는데 카페 한다고 바쁘고 정신없어 혼자 내버려둔 엄마께 죄스럽고 미안하다.

그러나 이런 내 마음은 아랑곳하지 않고 울 엄마는 나 없어도 혼자 잘 논다. 엄마의 장난감은 혈압 측정기. 시도 때도 없이 혈압을 재며 건강 체크하는 게 일이다.

"고혈압이다. 목이 뻣뻣한 게 큰일 났네."

"아이고, 오늘은 저혈압이네. 저혈압이 더 무섭다던데."

"빨리 죽지도 않고 사는 게 이젠 지겹다."

말은 그렇게 하면서도 조금만 아프면 "병원! 병원!" 외쳐대고 무조건 엑스레이를 찍어야 한다고 난리를 친다. 몸이 조금만 이상해도 오버해서 자가진단을 내리고는 병원에서 전혀 문제없다는 말을 들어야 비로소 안심하는 울 엄마는 할머니아가다.

"문디 가스나들, 별것도 아닌 것들이 돈 좀 생겼다고 지 세상 만난 듯 판치고 설치네. 진짜…… 별것도 아닌 것들이."

"엄마, 옛날에 못 해봤으니까 별것 되어 좀 설치는 게 당연하지. 그동안 안 해본 것도 다 해보고 싶고 그렇겠지. 세상이 얼마나 공평한데. 올라가는 사람 있으면 내려가는 사람도 있고 오르락내리락하는 건데, 사람한테 '별것 아닌 것' 그래싸면 안 되지."

"그래, 니 잘났다. 니가 선생이가? 공부 끝난 지가 언젠데 다 늙은 어미가 딸한테 훈계까지 들어야 하나? 내 산 것 생각해봐라. 지금 이게 뭐꼬? 사는 게 사는 기가?"

"엄마, 끝까지 잘살 수도 있고, 이전만 못할 때도 있지. 엄마가 어디가 어때서? 복 많은 할마이지. 나도 이렇게 옆에 있고, 엄마 끔찍이 위하는 셋째 오빠 같은 사람 또 어디 있나 눈 씻고 찾아봐요. 행복한 투정이지."

아버지 덕에 너무 호강만 하고 산 엄마. 지금까지 크리스티앙 디오르 파운데이션에 샤넬 N.5 향수가 화장대에서 자취를 감춘 적이 없는 된장 할매. 브랜드를 어찌나 따지는지 심지어 병원도 대형 종합병원엘 가야만 안심하고 몸을 맡긴다. 어쩌다 동네 병원 모시고 가면 금세 투덜투덜.

"이거 하빠리 아이가? 엉터리 의사 같은데? 차도도 없고, 병원 갔다 와서 더 아픈 것 같다."

아이와 할머니는 맞장구를 쳐줘야 좋아하는데, 냉정한 내 성격은 엄마에게 전혀 위안이 되지 않으니 울 엄마도 참 답답하겠다.

"숙아! 명동 나올래? 내 구두 좀 골라주라."

친구 분이 불러내서 시내에 나갔다 오신 울 엄마. 뭐가 틀어져도 단단히 틀어진 얼굴로 또 옛날 얘기를 꺼낸다.

"지 어려울 때 내 다이아 반지 빼서 아들 등록금도 해주고 했는데, 이 은혜 잊지 않겠다고 하더니 아들이고 에미고 까마귀 고기를 먹었구나. 구두 티켓 두 장 들고 있기에 속으로 나 한 켤레 사줄라나보다 했다. 이것저것 골라달라 하더니 젤 비싸고 좋은 것 잡곤 티켓 두 장 다 써먹데. 거기 액세서리며 손지갑도 있는데 티켓 차액으로 손수건이라도 한 장 사야 맞는 거 아이가? 지가 다이아 반지는 못 돌려줘도 인사는 해야지.

내가 없어서도 아니고 얻고 싶어서도 아니고, 기분 아이가, 기분. 자랑이나 말지. 울 아들 선생 되니 구두 티켓도 들어온다, 작년에도 주더니만 해마다 주네, 요런다 글쎄. 아이고, 화장실 들어갈 때 맘 다르고 나올 때 맘 다르다더니, 개구리 올챙잇적 모른다더니, 지 아들이 누구 덕에 선생 됐는데. 내는 와 이리 인덕이 없노? 내한테 도움 받은 것들은 하나같이 은혜를 모른다."

"엄마 옛날 일 다 잊어버려요. 줄 수 있는 게 행복이고 기쁨이야. 받으려고 준 건 아닐 거고, 다들 어려울 때 여유로웠던 엄마의 좋은 시절 감사하면서 잊어요."

"그뿐인 줄 아나? 구두 사고 나오면서 명동칼국수 먹으러 갔는데, 지 일 봐주러 갔으니까 지가 돈 내야 맞다 아이가. 손님, 만이천 원 선불입니다, 하니까 앉아서 생깐다. 종업원이 멀뚱히 서 있으니 쪽팔려서 고마 내가 냈다. 에라이, 살 만하다고 자랑이 늘어지더니만 얻어먹던 버릇은 못 고쳤데. 하긴 지가 받기만 했지, 남한테 줘봤어야지. 세 살 버릇 여든까지 간다 카더만 그 말이 딱 맞네."

그래 엄마, 오늘은 내가 맞장구 좀 쳐줄게요. 그 아주머니도 참 너무하셨네.

여자의 변신은 무죄

엄마가 이십 년 전에 했던 눈썹 문신이 흐려져 다시 해야겠다고 하셨다. 그리하여 얼마 전 집에서 삼대가 나란히 누워 눈썹 문신을 하게 되었다.

"야야, 여든다섯에 눈썹 문신한다 하면 며느리들이 흉보겠다. 얼마나 살 거라고."

말은 그렇게 하시면서도 요새 눈썹 모양은 유행이 어찌 되냐고 물으신다. 문신을 해서 예뻐지기도 하겠지만, 누워서 기다리는 그 시간이 엄마에겐 지루한 나날을 잠시 잊어버리고 기대하게 하는 삶의 활력소가 될 것이다.

이렇게 나란히 누워 있으려니 옛날 생각이 난다.

내 어릴 적 별명은 '예쁜 엄마 딸'이었다. 내가 예뻐서가 아니라 엄마가 예뻐서 얻은 별명이었다.

"여자 팔자 저 정도는 돼야지."

"복 많다, 복 많아."

모든 여자들이 부러워한 멋쟁이 울 엄마.

"아버지! 엄마는?"

"아침 일찍 목욕탕 갔으니 지금쯤 미장원 가 있겠지."

학교 가는 길목, 미장원 창문으로 빠끔히 들여다보니, 머리는 가발을 올린 듯 불룩하게 부풀리고 미용사에게 손톱을 맡긴 채 눈으로는 『주부생활』을 보고 계셨다. 계란 넣은 모닝커피도 이미 한 잔 하신 것 같다.

나는 미용실 안으로 들어가 한껏 멋을 내고 있는 엄마에게 말했다.

"엄마, 돈 줘."

엄마는 매니큐어 바른 손톱 망가질까 호호 불면서 불룩한 지갑을 열어 월사금을 꺼내 주셨다.

"돈 가져가는 날은 미리미리 말해라."

유행이란 유행은 제일 먼저 받아들이고 좋다는 건 젤 먼저 하시던 엄마.

그 엄마가 이제 인생의 겨울을 보내고 있다.

흐르는 시간 앞에 장사가 없듯, 젊고 예뻤던 엄마의 모습은 점점 사그라져간다. 여든이 훨씬 넘은 지금도 좀더 좋은 화장품을 쓰고 싶고, 좀더 예쁜 스카프가 갖고 싶은 울 엄마.

엄마가 아무리 파파할머니여도 내 눈엔 여전히 예쁜 엄마다.

;아가엄마 돌보기 3

"엄마가 언니 엄청 우려먹는다. 세상에 공짜 없다더니. 하긴, 엄마가 어릴 때부터 얼마나 언니한테 공들였나. 몸 약하다고 철철이 보약 끓여 먹이고, 입이 짧아 아무거나 안 먹으니 먹고 싶은 것 얘기만 하면 다 해먹이고. 난 주워온 딸처럼 보약도 안 주고 아무거나 잘 먹는다고 좋은 것 있으면 언니 주고 하더니만. 엄마에게 언니는 보통 딸이 아니지. **부모 자식 간에도 절대 공짜 없는갑다.** 그 대가를 언니가 지금 제대로 치르고 있는 거다."

울 엄마 병원에 누워서 동희에게 자기 때문에 언니 애쓴다고 전화 한 통 넣으랬단다.

"니는 내한테 할 만큼 했다. 내가 니한테 죄 짓는다."

"별말씀을. 이러거나 저러거나 울 엄마인걸. 미안한 생각 마셔요."

"니가 내 딸이니 뜨신 물에 엉덩이를 씻겨주지, 며느리한테 이렇게 몸을 맡기겠냐? 시원하니 날아갈 것 같다."

아까 전에 링거 떼고도 기분이 날아가겠다고 하시더니, 이러다 정말 **날아가면 어쩌나 가슴이 철렁, 못 들은 척해버리고 만다.** 울 엄마가 외할머니 친할머니만큼 사시려면 아직도 한참은 더 내 곁에 계시겠지?

병원에서 퇴원하라는데 엄마가 어깃장을 놓는다.

"안 나갈 끼다. 완전히 낫기 전에는……"

변비 때문에 응급실 들어왔다가 검사하니까 전해질 수치가 낮다고 해서 입원을 시켰던 거였다. 이제 전해질 수치도 정상이 되었고 소변도 잘 보시니 의사가 퇴원하라는데 집에 안 가시겠단다.

"내 시원하게 똥 싸기 전엔 안 나갈 끼다. 또 응급실 오면 피 뽑는다고 주삿바늘만 찔러댈 텐데."

에휴…… 아무것도 안 하고 엄마 하나만 보살필 수 있는 여건이라면 얼마나 좋을까? 카페 차려놓고 할 일이 태산인데 병원 대기실에서 진료 마치고 휠체어에 앉아 있는 아가엄마를 보며 기가 막혔다. 소변줄 달고 기저귀 찼어도 멀쩡한 입은 쉬지 않고 움직인다. 의사의 성의 없는 진료가 맘에 안 든다며 불만이 산더미다.

"선생 만나려고 일주일을 기다렸는데. 이게 뭐꼬? 오 분도 안 봐주고. 니가 의사와 속닥거리더니 날 병원에서 데리고 나왔지. 병실에 이틀은 더 있을 수 있었는데."

막 입원하고 나서도 그랬다. 간병해주는 분이 맘에 안 든다고 하루 만에 상의도 없이 보내버리고 새벽부터 나한테 전화를 하셨다.

"이래갖고 더 살지를 못하겠다. 살아 있을 때 얼굴 한 번만 더 보자. 빨리 오너라."

어제저녁에는 병원에서 퇴원하라고 했는데 부득부득 우겨서 하루 더 계시고는, 아침에 큰일이 난 줄 알고 부랴부랴 달려가 보니…… 5인 병실에 누워 있는 환자 중 엄마가 제일 멀쩡하다.

회진 온 신장내과 여의사가 코미디 프로 보듯이 웃으며 말했다.

"할머니, 집에 가서 밥 잘 드시고 기운 차리시면 여기 안 오셔도

돼요."

"다 낫기 전엔 안 나갑니다."

"이제 병원에서 해드릴 수 있는 게 없어요. 잘 잡수시면 나아요. 보호자분, 퇴원조치 할게요."

나 때문에 병원에서 쫓겨났다며 집에 온 뒤로 내내 날 볶아댄다.

아이고, 붙다 붙다 정말 붙으라는 돈은 안 붙고 짐만 하나씩 더 보태진다. 시시때때로 먹을 것 챙기고, 죽 끓이고, 기저귀 갈아 채우고, 목욕시키기가 여간 힘든 게 아니다. 아가는 말도 없고 덩치라도 작지, 엄마아가는 예민한데다 까탈도 이만저만이 아니어서 남에게 맡길 수도 없다. 올케언니에게 가면 엄마가 오죽 유난을 떠니 오빠 맘이 편치 않을 거고, 이래저래 울 엄마는 내 차지. 노인 문제를 다룬 드라마가 우리 집에서 펼쳐지고 있다.

요즘은 거울 보는 게 싫다. 전혀 낯선 나를 보는 게 왠지 슬프다. 화를 잔뜩 숨긴 채 억지로 웃고 있는 모습. 세월 따라 시간의 흐름에 따라 얼굴에 고상하고 선한 삶의 흔적이 새겨져야 하는데, 일과 육아에 지쳤던 젊은 날이 지나자 또다른 일과 아가엄마 돌보는 일이 기다리고 있다. 엄마를 너무나 사랑하지만 엄마의 엄마가 되는 건 솔직히 여간 지치는 일이 아니다.

바쁘게 카페 일을 하고 있는데 동희에게 또 전화가 왔다.

"언니야! **울 엄마한테 하는 김에 더 잘해라.**"

동희는 전화통을 붙들고 다짜고짜 엉엉 운다. 뉘 집에 초상이라도 났나. 부모가 앓다 죽으면 제 설움에 운다더니 딱 그 짝이다.

"아침부터 왜 이러니. 맘 가라앉히고 차근차근 얘기해봐."

"큰스님이 법력이 엄청 좋은데, 울 엄마 수명이 다했다더라. 올해 잘 넘기면 내년까지 살랑가."

"야, 그런 소린 나도 할 수 있겠다. 당뇨를 이십 년 앓고도 건강관리를 잘했으니까 이만큼 살아 계시지, 안 그럼 벌써 땅속에 계셨을걸. 팔십 넘어 덤으로 사는 인생이다 생각하면 되는데, 안 아프고 살아 계시다 자는 잠에 평온히 가시게 기도밖에 더 하겠니."

그런데 정말로 엄마의 시간은 이제 얼마 남지 않았다. 여든일곱. 적지 않은 나이다.

동희야.

언제든 떠나보낼 마음의 준비는 해두자.

생에 애착이 많아 지금의 고비만 넘기면 아직 몇 해 더 사실 거야. 내가 무서운 건 갈수록 "우리 행내, 우리 행내" 하는 엄마의 집착이 내 몸과 마음을 칭칭 감는 거야. 숨통이 막힐 것처럼 조여드는 버거운 현실을 감당해야 한다는 게 어떤 건지, 네가 다 알까?

속으로만 생각하고 말은 못 했다.

;기브 앤드 테이크

급히 일이 생겨 고속터미널 지하철역으로 종종걸음을 치는데, 시골에서 막 올라온 듯한 아주머니가 구부정한 허리로 다가와서는 지하철역이 어디냐고 묻는다.

"어디 가세요?"

"일원역이요."

"저 따라오세요."

아주머니, 길을 놓칠세라 내 뒤를 바짝 쫓아오신다. 방향이 같아 한 차를 타게 되었는데, 혼잡한 지하철에는 자리도 없고 누구 한 명 노인에게 양보할 생각을 않는다. 두리번거리다 조금 젊은 아주머니 곁으로 가서 말했다.

"이 아주머니가 허리가 아프셔서 병원 가시는 길이래요. 죄송하지만 자리 좀 양보해주세요."

시골 아주머니가 웃으며 앉으셨다. 나는 한 정거장 뒤인 교대역에서 내려야 했다.

"일원역에 내리시면 삼성병원 가는 셔틀버스가 있으니 물어서 타세요. 조심해서 잘 찾아가세요!"

아주머니는 몇 번이나 고개를 꾸벅하시며 고맙다고 한다. 그러자 옆자리 승객이 내게 가족이 아니었냐고 묻는다.

딸에게 오늘 있었던 일을 얘기했더니 쿨하게 받아친다.

"엄마가 도움 줬듯, 우리 할머니도 어디 가면 그런 도움 받을 거야."

사람 사는 건 주고받는 거라나.

남편의 사추기

"육십에 만든 수의, 벌레 먹을까 겁난다."

수의 만들고 나면 오래 산다더니, 수의 말리고 싸기를 이십구 년이나 더 하다 가신 우리 외할머니. 근데 우리 남편이 벌써 육십이다.

남편은 합리적이고 이성적이며 여러 모로 정확한 사람이다. 말을 바꾸는 법이 없고 약속을 어기는 법도 없다. 살짝 엉성한 나와는 찰떡궁합인 것 같은데, 둘만 있으면 전혀 문제되지 않던 것들이 **개성 강한 아이들을 키우면서 서로 부딪치곤 한다.**

나는 자기 주장이 세고 제멋에 사는 딸을 '데리고 들어온 자식'처럼 두둔하고 편들 때가 많은데, 가정의 평화를 위한 나의 태도에 남편 입장에선 종종 소외감을 느끼나 보다.

"아주 그냥 모녀가 작당을 하고 편먹기를 하는구나!"

남편은 편안한 존재로 내 곁에 꼭 붙어 있을 것만 같은 반면 딸은 언젠가 날아가버릴 것 같아 조심조심 접근하다 보니 남편 눈엔 티 나게 짝짜꿍 같아 보였나? **아빠가 딸을 상대로 질투를 하고 있다.**

남편이 요즘 사추기를 맞았다. 가족을 위해 열심히 살아온 인생의 가을에 이르러 자기 자신을 돌아보며 허탈해한다. 드러내놓고 말은 안 해도, 자기의 포지션, 집안에서의 자기 서열 등등에 대해 불만과 서운함을 느끼는 듯하다.

"여보, 뭐가 그리 복잡해요? 단순하게 생각해요. 친구들도 많이 만나고, 모여서 이런저런 얘기 하며 세상살이 잊어버리고. 내가 돈 많이 벌면 제일 먼저 대포(카메라 렌즈) 사줄게. 카메라 메고 산으로 들로 다녀."

"허허, 누가 뭐랬나."

"좋은 사람 만나면 마음도 살짝 열어주고. 당신만 좋으면 가벼운 연애는 눈감아줄게."

"정말?"

"백 프로 마음 다 주는 건 안 되고."

그러면 남편은 "에이, 그래도 당신이 최고야!" 하며 엄지손가락을 세워준다.

내겐 매일 눈뜨면 바로 먹어야 하는 약이 있다.

남편은 침대 머리맡에 물과 약을 챙기며 하루를 시작한다.

"이행내, 약 먹어."

난 욕심이 있다. 그래서 남편에게 입버릇처럼 말한다. 절대 나보다 먼저 죽으면 안 된다고. **나 죽으면 뒷마무리 잘해주고 아주 조금만 있다가** 뒤따라오라고.

나는 이제 보석도 관심 없고, 좋은 집, 비까번쩍하는 인테리어도 필요 없다. 젊은 시절 만나서 검은 머리 파뿌리 될 때까지 함께하겠다는 약속을 하고 희로애락 함께하며 어떻게 여기까진 왔는데, 남편이 건강하게 끝까지 살아남아 나를 지켜줬으면 하는 마음이 나이 들수록 점점 커진다.

좋은 친구로 항상 곁을 지켜주는 보디가드 내 남편.

연인으로 만났지만 결혼한 지 삼십 년.

이 세상 둘도 없는 우정을 나누는 우리들.

살아보니 알겠다. 행운의 네잎 클로버보다 행복의 세잎 클로버가 긴 인생엔 훨씬 더 좋다는 것을.

저녁 어스름에 청계천을 걷는데, 젊은 연인들이 꼭 끌어안고 있는 모습이 군데군데 눈에 띈다.

"요즘 사람들은 자기 감정에 엄청 충실해."

"부러워? 우리도 한번 해볼까?"

그러더니 남편이 왈칵 나를 끌어안는다.

"어머나, 이러면 안 되는데…… 호호호."

무안한 척, 주변을 의식하는 척했지만, 그래도 마냥 좋았다.

서로 친구라 여기며 살아왔는데 사랑하는 연인이 맞았다.

아이들 보기엔 꼬장꼬장한 아빠일지라도 나는 언제나 내 남편이 예쁘다.

행복의 파랑새

　삼각대와 카메라 하나 들고 우리 부부는 서울 시내를 돌아다닌다. 남편은 사진 찍는 것을 좋아해 예쁘지도 않은데 예쁜 척하는 마누라를 전속 모델로 두고 여기저기 데리고 다니며 추억을 찍는다.
　오늘은 명동에서 내려서 조선호텔 뒤 원구단을 들러 시청 앞 광장을 지나 정동길을 걸었다. 남편과 함께 걷는 서울의 길이 어찌나 예쁜지. 돌아다니며 보면 볼수록 너무 아름답다.
　시립 미술관에서 열리고 있는 앤디 워홀 전시회를 보고 나오는데, **중년 부인이 젊은 남자에게 장미꽃 한 송이를 받고는** 아가씨처럼 행복하게 웃었다. 예비 사위쯤으로 보이는 청년의 등을 토닥여주는 그녀의 남편도 흐뭇하게 웃고 있었다. 참 예쁜 그림이었다.
　백 년도 넘은 정동교회의 클래식한 건물 앞에서 사진을 몇 컷 찍고, 그 옆에 배재학당 있던 자리에 피아노 연주를 감상하는 풍만한 여인상이 엎드려 있는데, 나도 장난삼아 같은 포즈를 취해보며 분위기에 젖었다.
　집에 와서 사진을 보니 참 좋았다. 사진은 현재를 찍지만 뽑는 순간 과거의 추억이 된다. 흐르는 세월 속에 정지된 시간들. 이것이 사진의 매력인가 보다.

둘이서 삼각대 놓고 사진 찍을 때마다 하는 얘기.

"여보, 친한 척해."

김치, 치즈, 위스키 대신에 우리는 외친다.

"친한 척."

"사랑해."

팔짱 꼭 끼고 얼짱 각도로 고개 갸우뚱하는 내 모습을 보며 겸연쩍게 웃는 남편의 어깨에 행복의 파랑새가 앉았다.

;내 친구 윤실 씨

학교 졸업하고 난 뒤로는 진짜 친구를 만난다는 것은 상상도 기대도 하지 않았다. 그런데 **내게 친구가 생겼다.**

작은아이 세 살 때 수영장에 데리고 다녔는데, 엄마들은 매일 관중석에 앉아 아이들을 지켜보았다. 아이 기르는 것이 삶의 유일한 목표이자 낙이었던 열성 엄마들, 그리고 몇몇의 할머니들이 지극 정성으로 따라다녔다.

아이 기다리는 동안 시어머니뻘 되는 친구(?)들과 살림 얘기, 육아 정보를 주고받았는데, 어느 날 늘 오시던 재식이 할머니 대신 해맑은 미소에 빨간 땡땡이 원피스를 입은 여자가 아이를 데리러 왔다.

우와.

정말 상큼하고 예뻤다. 집에서 살림하며 아이 키우는 것이 전부인 줄 알고 산 내 눈에 멋쟁이 커리어우먼 윤실 씨는 신선한 충격이었다. 이야기하다 보니 큰아이끼리도 동갑이었고 그녀와 나도 동갑내기에 학교 동문이기도 했다. 여러 모로 공통점이 많아서 아이들끼리도 자주 어울리고 함께 일본어도 배우러 다니면서 자연스럽게 친해졌는데, 그게 벌써 이십 년이 흘렀다.

흰머리가 희끗희끗, 주름살도 살금살금 늘어가는 꽤나 긴 시간 동안 우리의 만남은 계속되었고, 서로의 삶에 몰아치는 파도를 지켜보면서 참 든든한 친구가 되어주었다.

아이들도 크고 각자의 삶도 더욱 바빠져 자주 만날 수는 없지만 **늘 이야기하고 싶고, 이야기 들어주고 싶고, 기도해주고픈** 나의 친구 윤실 씨. 한참 있다 만나도 어제 본 듯하고, 기약 없이 헤어져도 내일이면 또 볼 것만 같다.

살랑살랑하는 땡땡이 원피스를 입고 사뿐히 계단을 내려오던 귀여운 삼십대의 모습이 내 머릿속에 각인되어, 이십 년이 지난 지금도 그때 그 모습으로 다가온다.

살면서 말 통하는 사람과 대화한다는 게 얼마나 큰 축복인지 모른다. **그런 친구가 있다는 게 참 행복하다.**

예쁜 여자 윤실 씨, 우리 더 예쁘게, 건강하게, 우아하게 삽시다!

;우리도 축하해주세요

지인의 딸이 결혼을 하는데, 신부 아버지의 친구 내외 다섯 쌍이 축가를 부른다.

> 사랑은 언제나 오래 참고 사랑은 언제나 온유하며
> 사랑은 시기하지 않으며 자랑도 교만도 아니하며

저들이 삼십 년 세월을 함께하는 동안 고개고개 넘어온 산이 몇 개이며, 굽이굽이 흐르는 강은 또 몇 개나 건너야 했을까? 삼십 년 넘게 오래 참고 견뎌낸 중년 부부들이 병풍처럼 둘러서서 바람막이를 하고 축가를 부르니 얼마나 귀한 선물인가!

내 대학 입학식 날 교수님이 입학을 축하하지 않겠다고 하셨다. 대신 사 년 뒤 졸업식은 맘껏 축하해주겠다고 하셨고, 실제로도 많이 축하해주셨다. 시작보다 마무리를 잘하라는 그 의미심장한 말씀이 이제는 결혼식에 가게 될 때마다 떠오른다.

그런데 결혼의 시작은 저렇게 축하하면서 삼십여 년 모진 비바람

견뎌낸 **우리는 왜 축하를 안 해주나!**

　삼십 년 된 노땅 부부니까 새내기 부부보다 서른 배 더 축하받아야 하는 거 아냐?

　앞으로 또 삼십 년 잘살 수 있게, 자식들 친지들 모두 한자리에 모아놓고 조촐한 파티라도 하고 싶다.

　드레스 입고 꽃단장 하고, 나도 그러고 싶다.

;아름다운 샛길을 찾아서

십여 년 전 밀라노로 **출장 가는 남편을 따라 이탈리아 북부를** 방문할 기회가 있었다. 베네치아에 가서 곤돌라도 타고, 세계 각국에서 온 관광객 무리에 끼어 성당, 광장, 다리 등등 유명한 장소에 들러 인증샷을 찍고, 유리공예 특산품도 샀다.

그런데 정작 돌아와서 가장 기억나는 것은 밀라노도 베네치아도 아니고, 지나다가 우연히 들른 알프스 중턱 어느 조그만 산골 마을이었다. 베네치아를 관광하고 밀라노로 돌아오는 길에 시간이 남아 일정에도 없던 스트레사란 조그만 도시를 방문했다.

스트레사에서 스위스 쪽으로 산길을 따라 한 시간쯤 올라가자 마을이 나타났다. **하이디의 고향이 이랬을까?** 경사진 언덕에 지은 동화 같은 집과 푸른 목초지, 형형색색의 야생초. 상상 속에만 있던 풍경이 눈앞에 펼쳐져 있었다. 예쁜 별장들이 있는 조그만 섬을 바라보며 몽돌 호숫가에 앉아 있으려니 슈베르트의 가곡 〈송어〉가 절로 흥얼거려졌다.

나그네 발길 멈추게 한 그 마을에서 식사하러 들어간 시골 레스토랑에서 중세 그림에 나오는 예쁜 여자의 모습을 실제로 보았다. 예쁜 여자는 이런 곳에 꼭꼭 숨어 있었구나! 가족끼리 함께 음식을 만드는 그녀의 모습이 너무나 아름다웠다.

직접 만든 포도주, 양젖 치즈, 소시지 등 이 깊은 산중에서 나온 천연 식재료로 가득한 풍성한 테이블은 어느 호텔에서도 맛볼 수 없었던 최고의 가정식 만찬이었다.

저녁 해가 떨어지고 어둑어둑해지자 방목했던 아기 소, 엄마 소, 아빠 소가 딸랑이 소리를 내며 집으로 돌아왔다. 안개 낀 마을, 평화로운 산골짜기 풍경은 지금도 내 머릿속에 사진처럼 깊이 새겨져 있다.

북적임도 소란함도 싸구려 기념품 가게도 없는 마을. 들리는 것이라곤 풀숲에 이는 바람 소리, 어미 찾는 어린 양 울음소리가 전부였다. 이런 곳이 있다는 걸 미리 알았더라면 숙박까지 했으련만, 밤 열두 시에 밀라노로 돌아와야만 하는 게 너무나 아쉬웠다.

앞만 보고 달리다 아름다운 샛길을 놓쳐버리는 우리들.

남들이 좋다는 것을 좇느라 살면서 귀중한 걸 놓치고, 아름다운 것을 스쳐 지나친 적은 또 얼마나 많았을까.

이제는 조금 느리게, 서둘지 말고 천천히 걸어야겠다.

삶의 고개마다 숨어 있는 작고 예쁜 샛길 찾아보며 슬렁슬렁 가야겠다.

;그림차례

엄마라서 예쁘지

72.5×60.5
장지, 돌에 채색 | 2010

즐거운 나의 집

72×113
장지에 채색 | 2010

내 꿈도 세계 평화

72.5×60.5
장지에 채색 2011

이대로 당할 순 없다

73×91
장지에 채색 | 2011

내 마음 전해주오

53×45.5
장지에 채색 | 2011

한 놈 잡았따

72.5×60.5
장지에 채색 | 2010

떨어지는 낙엽에도 눈물이
53×45.5
장지에 채색 | 2011

내 소원 아시죠
60.5×72.5
장지에 채색 | 2011

착하게 살기 싫어요
45.5×45.5
장지에 채색 | 2010

요리 완전 정복
91×73
장지에 채색 | 2011

나 아직 괜찮나봐
65×53
장지에 채색 | 2011

뉘집 자식들인지
100×80
장지에 채색 | 2011

이쁜 내새끼

100×80

장지에 채색 | 2011

엄마의 로봇

65×53

장지에 채색 | 2010

엄마가 달라졌어요

53×45.5

장지에 채색 | 2010

인생이 참 힘드러

72.5×52

장지에 채색 | 2010

엄마의 엄마 딸의 딸

72.5×72.5

장지에 채색 | 2011

그대의 행복 나의 행복

72.5×72.5

장지에 채색 | 2011

끝으로

엄마의 한 말씀

　내가 대학에 들어갔을 때 사십 중반에서 오십대였던 친구 어머니들 중에는 마흔 넘어 작가의 길에 접어들어 밥상머리에서 글을 쓰며 열정을 불태우던 분도 계셨고, 배움에 목말라 뒤늦은 유학을 떠난 분도 계셨다.

　그런 얘기를 들으면서 자신만만한 스무 살 처녀는 건방지게도 이런 생각을 했다. '그 나이에 뭘…… 자식 다 키우셨음 편히 놀면서 유람이나 하시지.'

　스무 살 아가씨가 보기에 사십, 오십은 자동차로 치면 완전 고물차, 폐차 직전 똥차라고 생각했다. 그런데 웬걸, 내 나이 오십이 되고 보니 몸이며 마음이며 아직 너무 쌩쌩하다.

　결혼한 지 삼십 년, 누구의 아내, 누구의 엄마로 사는 동안 내게 즐겁고 재미난 일은 주방에서 콧노래 흥얼거리며 가족을 위한 음식 만드는 일이 되었다. 어려서부터 손이 쉬면 심심해 견디질 못하는 성격이었다. 그래서 친구들과 이야기하며 놀 때도 손으로는 뜨개질을 하고 수를 놓았다.

자연스럽게 미대에 갔지만, 결국 작가가 되진 못했고, 이제는 그저 요리하는 게 좋다. 신선한 재료들이 나의 손을 거쳐 맛있는 음식으로 탄생하는 것은 빈 캔버스 위에서 물감이 예쁜 꽃이 되는 과정과 다르지 않다. 예쁘게 한 상 차려놓고 대접하고 담소하는 시간은 늘 즐겁다.

그래서 용기를 냈다.

작년 봄, 집 앞에 조그만 카페를 열었다.

이름은 후르츠마마.

'엄마가 만들어준 건강하고 맛있는 주스'가 콘셉트이다. 우리 딸이 엄마에게 어울린다며 지어주었는데 나는 썩 마음에 든다.

우리 동네는 커피 박물관이다. 여기저기 멋지고 유명한 커피숍들이 화려한 자태를 뽐내고 있다. 다윗과 골리앗의 싸움처럼 상대가 안 된다. 하지만 솔직히 별로 두렵지는 않다. 그저 내가 가장 잘 만드는 음식을 만들고 내게 오는 사람들을 사랑면 되니까. 언제나 힘이 나는 음식을 주고, 언제나 보고 싶은 사람이 있는 아름다운 가게를 만들고 싶다.

나를 다른 누구와도 비교하지 않겠다.
자신을 아끼고 사랑하겠다.
쉰다섯. 내 나이 아직 괜찮다.
새로움을 두려워하지 않고 도전하는
좀더 괜찮은 여자가 되고 싶다.

2011년 봄 이행내

엄마라서 예쁘지

초판 인쇄 | 2011년 4월 10일
초판 발행 | 2011년 4월 25일

지은이 | 이행내·조장은
펴낸이 | 강병선
편집인 | 이수은
디자인 | 이현정
마케팅 | 방미연 우영희 정유선 나해진
온라인 마케팅 | 이상혁 한민아 정진아
제작 | 안정숙 서동관 김애진
제작처 | 영신사

펴낸곳 | (주)문학동네
출판등록 | 1993년 10월 22일 제406-2003-00045호
임프린트 | 톨

주소 | 413-756 경기도 파주시 교하읍 문발리 파주출판도시 513-8
문의 | 031-955-2690(편집부) | 031-955-2660(마케팅) | 031-955-8855(팩스)
전자우편 | toll@munhak.com

ISBN 978-89-546-1455-9 (03810)

· 톨은 출판그룹 문학동네의 임프린트입니다. 이 책의 판권은 지은이와 톨에 있습니다.
  이 책 내용의 전부 또는 일부를 재사용하려면 반드시 양측의 서면동의를 받아야 합니다.
· 이 책의 국립중앙도서관 출판시도서목록(CIP)은 e-CIP 홈페이지(www.nl.go.kr/ecip)에서
  이용하실 수 있습니다. (CIP 제어번호: CIP2011001553)

www.munhak.com